Und dann kamst Du ... und ich liebte eine Frau

••

Sonja Schock

Und dann kamst Du ... und ich liebte eine Frau

Krug & Schadenberg

Für Uta

Inhalt

Vorwort

Am Anfang steht vielleicht ein verstohlener Kuß zwischen besten Freundinnen. Oder die Bewunderung für eine Lehrerin. Oder die Begeisterung für Fußball. Die Abneigung gegen Röcke. Im nachhinein wird es immer irgendwelche Anzeichen gegeben haben.

Ein wissendes Lächeln, wenn die alten Fotos herausgekramt werden. Die große Schlaksige mit dem schwarzen Cordoverall inmitten all der Mädchen mit weißen Blusen und schwarzen Röcken. Konfirmation. Kein Kind mehr und doch noch nicht erwachsen. Sie ist stolz auf ihren neuen Anzug und gleichzeitig verunsichert. Denn sie will auch dazugehören. Deshalb ist der erste schmale silberne Ring ein wichtiges Zeichen. Daß der Verehrer auf dem Rummel immer Raupe fahren will, weil ihm auf den schnellen Geräten schlecht wird, ist ein bißchen langweilig, wird aber in Kauf genommen.

Ein lautes Lachen der besten Freundinnen, als das Bild vom Abschlußball herumgereicht wird. Da steht sie, mit Dauerwelle und Faltenrock. Was auf dem Foto nicht zu sehen ist, die Freundinnen aber wissen: Die Aufmachung paßt nicht zum Gang. Daß die junge Frau wie eine Feder in den Armen ihres Tanzpartners geschwebt wäre, wird später niemand behaupten wollen.

Der nächste Freund kann küssen und auch sonst so einiges. Er ist vier Jahre älter als sie. Mit ihm kann sie Fußball spielen, Moped fahren und Sex machen. Und das ist ziemlich prima. Sie wird bei diesem Typ Mann bleiben. Kumpel und Liebhaber in einem. Vollbärtige, gutmütige Gesellen. Sie wird sie mögen, aber nicht lieben. Was ihr mangels Vergleichsmöglichkeiten gar nicht auffällt. Wenn sie weg sind, sind sie weg. Meist sorgt sie selbst rechtzeitig dafür, daß sie gehen. Kein Herzschmerz. Oder höchstens für einen halben Tag und dann eher aus gekränktem Stolz.

Nach dem Abi fallen die Haare. Radikal kurz. Röcke trägt sie schon lange nicht mehr. Jahre später taucht diese Frau neben ihr auf den Fotos auf. Noch größer als sie und genauso kurze Haare. Derbe Schuhe, derbe Lederjacke. Sie werden beste Freundinnen, und dabei bleibt es. Auch noch, als allein der Geruch dieser Lederjacke ein heftiges Verlangen in ihr hervorruft. Mit der Frau geht sie zum ersten Mal zu einer Party nur für Frauen. Und sieht, wie zwei sich küssen. Und mag gar nicht mehr weggucken. Die beste Freundin macht zu ihrem Bedauern einen Rückzieher. Und erklärt, daß sie weder die Gefühle noch das Begehren erwidere. Und sowieso nicht lesbisch sei. Bald darauf trennen sich ihre Wege. In eine Heterofrau verliebt sie sich nie wieder. Was Herzschmerz ist, lernt sie auch so ziemlich schnell. Aber auch, was es bedeutet, in den eigenen Endorphinen fast zu ersaufen vor lauter Liebe. Und was es heißt, sich völlig fallen zu lassen.

Im nachhinein betrachtet sie die Jungs und Männer in ihrem Leben als Anker in einer relativ wilden Entwicklungsphase. Denn möglicherweise wäre es gar keine Freude gewesen, groß, schlaksig, butch, pubertierend und dann auch noch lesbisch zu sein. Als die Beine endlich auf festem Grund standen, war dieser Halt dann nicht mehr nötig. Auf jeden Fall ist diese Phase ein Stück Lebenserfahrung, das Vergleichsmöglichkeiten bietet.

Das trifft auf alle Frauen zu, die in diesem Buch porträtiert werden. Und die erzählen werden, wie es dazu kam, daß sie sich nach jahrelanger Ehe oder mehreren Männerbeziehungen schließlich entschieden haben, mit Frauen zu leben. Vielleicht bleiben bei der Lektüre ein paar Klischees auf der Strecke. Zum

Beispiel, daß Frauen deshalb den Männern den Rücken zukehren und sich schließlich in die Arme einer Frau stürzen, weil sie mit den Männern in ihrem Leben nur schreckliche Dinge erlebt haben und/oder nie einen Orgasmus mit ihnen hatten. Oder daß Lesbenbeziehungen im Vergleich zu Heterobeziehungen besonders harmonisch und friedfertig sind. Oder daß alles zusammenkracht, wenn frau sich aus der Heteronorm verabschiedet.

Ich danke allen Frauen, die in stundenlangen Gesprächen selbst weit zurückliegende und fast schon verblaßte Momente erinnert und mit großer Offenheit auch über solche Dinge gesprochen haben, die sie normalerweise nicht mit einer Fremden bereden würden. Ihre Namen sowie die Namen aller anderen Beteiligten und auch viele Ortsangaben sind geändert worden.

Sonja Schock
Berlin, im Juli 1997

„Aber daß das was ist, was man leben kann ..."

(Maike, 49 Jahre)

Der alte Mann, der gerade mit der Sense im Garten beschäftigt ist, weiß Bescheid. „Frau Hansen? Jau, da fahrn Se man hier den Weg lang bis zur großen Eiche, dann links, und dann kommen Se zur Freiwilligen Feuerwehr, das steht dran, und dann ist es das Häuschen direkt gegenüber, das so ganz zurückgesetzt ist, das sehn Se von der Straße aus kaum."

Aus dem Häuschen schießen zwei große, wild bellende Hunde. Ein Schild am Gartentor warnt vor ihnen. So richtig gefährlich sehen sie eigentlich nicht aus. Aber besser ist besser. Maike kommt langsam, leicht humpelnd den Weg herunter und öffnet das Tor. Ein fester Händedruck, zwei muntere blaue Augen, die die Besucherin aufmerksam taxieren. Die bellenden Monster verwandeln sich in schwanzwedelnde, verspielte Schmusetiere, kaum daß die Hand gereicht ist. Ob die wirklich beißen? Maike lacht verschmitzt. „Bis jetzt hat das noch keiner ausprobiert."

Der Tisch auf der Veranda ist bereits gedeckt. Maike hat gekocht, köstlich gekocht, gefülltes Huhn mit Reis, Nüssen und Rosinen. Hinterher zündet sie sich ein Zigarillo an. Das Gespräch beginnt stockend. „Das ist doch alles schon so lange her", stöhnt Maike mehrfach. Auf die Frage nach ihrer Kindheit antwortet sie erst einmal im Telegrammstil.

„Aufgewachsen, ganz normal, Eltern, kleiner Bruder, erst Mietwohnung, dann Haus am Stadtrand. Schule, wie gehabt, erst Gymnasium, dann runtergeflogen, ich war einsame Klasse im Sechsenschreiben, dann Mittelschulabschluß."

Ganz normal?

Blättern durch Familienalben.

„Das haben wir für meinen Vater zum Geburtstag gemacht, auch als Erinnerung an seine Gefangenschaft."

„Kriegsgefangenschaft?"

„Nein, KZ natürlich!"

Natürlich. Als hätten sämtliche deutschen Männer dieser Generation im Konzentrationslager gesessen.

Der Vater ist Kommunist, KPD-Mitglied aus Familientradition. In der Nachkriegszeit wird er wegen seiner politischen Überzeugung dreimal aus der Behörde geschmissen, in der er als Angestellter arbeitet. Dreimal klagt er sich erfolgreich wieder ein. Gespräche über Politik, die den Familienalltag prägen. In Maikes Familie wird über Dinge geredet, über die in den meisten deutschen Familien lieber geschwiegen wird. Über den systematischen Terror der Nazis, das breite Mitläufertum in der deutschen Bevölkerung, die nahtlosen Karrieren ehemaliger NS-Würdenträger in der bundesdeutschen Verwaltung und Politik. Beide Eltern haben nur den Hauptschulabschluß, aber sie lesen viel, hinterfragen das, was um sie herum vorgeht. Das Haushaltsgeld verwahrt die Familie in einem Buch: Karl Marx, *Das Kapital,* Band 1.

Manchmal besucht die Familie Genossen in der DDR. Das ist Anfang der fünfziger Jahre noch ohne Kontrollen oder gar Zwangsumtausch möglich. Maike ist sechs Jahre alt, als die Familie 1953 zum ersten Mal gemeinsam nach „drüben" fährt. Zu ihren ersten Büchern gehören Kinderbücher aus der DDR, die sie mit Begeisterung liest. Nicht immer ist der Vater mit den real existierenden Sozialisten, die sie kennenlernen, einverstanden. Einmal herrscht er einen besonders windigen Parteifunktionär an: „Mein Vater hatte mehr Arbeiterbewußtsein im kleinen Zeh als du im ganzen Körper!" Maike wird sich an diese Szene erinnern, auch an die Streitereien mit ihrem Vater über Stalin. „Er hat in der Sowjetunion den Marxismus/Leninismus in die Tat umgesetzt", beharrt der Vater, und er schwärmt von den Kolchosen, die den Bauern gehören, und den großen Staatsbetrieben, die nicht mehr für die Taschen der Bonzen produzieren. Doch Maike beschäftigt sich bereits als Heranwachsende auch mit den Kehrseiten der sowjetischen Diktatur. Sie weiß von den Schauprozessen und den Gulags, von der Verschleppung und Ermordung der Intelligenzija, und sie weiß, was mit den Bauern passiert ist, die ihr Land nicht in die Kolchose einbringen wollten. Darauf weist sie ihren Vater hin. „Der Zweck heiligt die Mittel nicht", hält sie ihm entgegen.

Am Küchentisch wird diskutiert und gestritten. Maike wird früh ermutigt, den Mund aufzumachen und ihre Meinung zu sagen. Was ihr in der Schule manches Mal Ärger einbringt. Schon als kleines Mädchen stellt Maike sich gegen die herrschende Kleiderordnung. Während alle anderen Mädchen Kleider und lange Haare tragen, läuft Maike Tag für Tag in Lederhosen und mit kurzen Struwwellocken rum. „Meine Eltern fanden das in Ordnung, die haben mich da überhaupt nicht gebremst."

Ärger gibt es mit der Mutter nur wegen Maikes chronischer Schlampigkeit. „Aufräumen, saubermachen, dieser ganze Dödelkram" sind so gar nicht Maikes Sache. Alle Versuche, dem Mädchen den gewissen hausfraulichen Blick auf Staubmäuse und Saftflecken zu vermitteln, scheitern kläglich. Lediglich fürs Kochen kann sich Maike erwärmen.

Im Keller des Mietshauses entdeckt das Mädchen eine ganz andere Art von Arbeit. Einer der Mieter, der Opa einer ihrer Freundinnen, hat sich dort eine kleine Holzwerkstatt eingerichtet. Es riecht nach frisch bearbeitetem Holz. Maike liebt diesen Geruch, und es gefällt ihr, kleine Holzstücke in die Hand zu nehmen und mit den Fingern über die Maserung zu streichen. Der alte Mann gibt ihr eine Laubsäge. Ganz vorsichtig und konzentriert sägt Maike Figuren aus der dünnen Sperrholzplatte, die sie in den Schraubstock gespannt hat, sägt, bis das Sägeblatt ganz heiß ist und das Holz beginnt, ein wenig verkohlt zu riechen.

Jetzt bloß nicht verkanten, sonst macht es *Pling!* und der dünne Metallstreifen ist gerissen. So entsteht ein Schiff, ein Baum, ein Haus. Und ein Traum.

Als Maike 1954 mit sieben Jahren in der ersten Klasse ist, hat sie einen großen Schwarm: ein Mädchen aus der neunten Klasse. Natürlich bleibt der Kleinen nur, die Große aus der Ferne anzuhimmeln. Später auf der Mittelschule lernt sie ihre beste Freundin kennen, mit der sie noch heute eng befreundet ist. Die Mädchen verbringen jede freie Minute miteinander, machen zusammen Hausaufgaben, erzählen sich Geschichten, schlafen nachts manchmal in einem Bett. Daß Maike sich nicht sonderlich für Jungen interessiert, bleibt den anderen nicht verborgen. Schließlich gehört es in der Pubertät dazu, mit jemandem „zu gehen". Einmal, da ist Maike gerade fünfzehn Jahre alt, ruft einer ihrer Lehrer das Mädchen nach der Stunde zu sich. Maike wundert sich, was er von ihr will. „Sag mal, alle Mädchen in der Klasse haben einen Freund, nur du nicht. Warum eigentlich?" Maike ist verwirrt, weiß keine passende Antwort. Sie merkt, wie sie rot wird, starrt angestrengt auf die Tafel, als stünde dort die Lösung. Aber da stehen bloß englische Sätze. Auf der Fensterscheibe direkt neben ihr krabbelt eine Fliege und sucht brummend einen Weg nach draußen. „Ich hab' noch nicht den Richtigen gefunden", murmelt Maike. Der Lehrer nickt. Maike rennt raus. Wenig später hat auch sie einen Freund.

„Natürlich war mir nach wie vor meine Freundin viel wichtiger. Wir waren Tag und Nacht zusammen, haben auch rumgeknutscht, aber daß das was ist, was man leben kann, auf die Idee bin ich überhaupt nicht gekommen. Mein Freund war nur Deko, der ist dann zum Glück ein halbes Jahr später weggezogen. Damit war das Thema durch, und keiner hat mich mehr gefragt. Mädchen fand ich viel attraktiver, die Jungs waren doch alle völlig blöde. Das ist doch noch heute so, in dem Alter sind das doch noch Windelträger."

Mit sechzehn lernt Maike in der antifaschistischen Jugendgruppe einen sechs Jahre älteren Mann kennen und verliebt sich in ihn. Junge fröhliche Menschen machen Wandertouren. Und sie machen Fotos. Maike sieht glücklich aus mit ihrem Klaus. Wenigstens kein Windelträger. Bald ist dem Paar klar, daß sie heiraten wollen. Mit achtzehn ist Maike die erste aus ihrer Klasse, die zur Hochzeit lädt. Ha, euch zeig' ich das, denkt sie, während sie die Einladungen schreibt.

Die große Liebe?

„Na ja, er war mehr so das kleinere Übel. Ich fand ihn schon nett und auch anziehend, aber na ja. Was ich wollte, waren Kinder, das wußte ich genau."

Eigentlich könnte Maike den Sprung zurück aufs Gymnasium schaffen. Sie denkt darüber nach, weiter zur Schule zu gehen, beschließt dann aber, eine Ausbildung zur Verwaltungsangestellten zu machen. Verwaltungsangestellte. Noch heute spricht Maike das Wort so aus, als handelte es sich um etwas, das die Katze nicht ins Haus bringen würde. Aber die Lehre ist kurz und bringt schnell relativ viel Geld. Schließlich will Maike ja vor allem Ehefrau und Mutter werden. Dann ist es soweit, ein halbes Jahr, nachdem Maike die Schule verlassen hat, wird geheiratet, natürlich nur standesamtlich. Als der werdende Gatte am großen Tag seine Schuhe im besten Hochzeitshemd wichst und es dabei prompt mit Schuhcreme vollschmiert, kriegt Maike gewisse Zweifel. Auch der Kommentar ihrer Tante ist nicht gerade ermutigend. „Mal sehen, wie lange es dauert." Es folgt die Hochzeitsnacht.

„Das war nicht so der Hit. Irgendwie hatte ich mir das etwas anders vorgestellt. Das war alles etwas stockelig. Aber irgendwie ist dieser Punkt Hochzeitsnacht ja auch bescheuert. Ich hatte sowieso keine Ahnung, und er war vierundzwanzig und war auch nicht so erfahren. Vorher hätten wir schon gern mal Sex gehabt, aber da durften wir nicht. Das hat dann auch nach der

Hochzeit noch 'ne ganze Zeit gedauert, bis ich wußte, was ich machen muß, daß ich 'nen Orgasmus kriege. Das ging dann aber, das zumindest hat er zugelassen, daß ich meinen Teil auch rauskriege, das war teilweise ganz gut. Also Missionarsstellung, davon krieg' ich keinen Orgasmus, na gut, da mußte ich ihn halt auf den Rücken legen, damit ich auch einen bekam."

Kinderkriegen geht schneller. Bereits zehn Monate nach der Hochzeit kommt das erste Kind, „richtig zack, zack, gleich danach". Die junge Familie zieht in eine Neubausiedlung am Stadtrand. Obwohl Ute ein Wunschkind ist, fühlt Maike sich erst einmal reichlich überfordert. Sie muß die Lehre schmeißen und sich plötzlich um Kind und Haushalt kümmern. Letzteres fällt ihr, die noch immer eine heftige Abneigung gegen Tätigkeiten wie Putzen, Aufräumen und Spülen hegt, reichlich schwer. Regelmäßig stolpert ihr Gatte Klaus, der als Ingenieur arbeitet, abends ins häusliche Chaos. Dann brüllt er rum, beschimpft Maike, baut sich auf, daß Maike schon denkt, gleich schlägt er zu. Statt dessen greift er den nächstbesten Gegenstand und schleudert ihn gegen die Wand. Und Maike hat das Gefühl, daß sie beinahe hinterhergeschleudert worden wäre.

Ein Pascha ist Klaus nicht. Er greift durchaus auch selbst zum Wischeimer, kümmert sich nicht darum, ob die Nachbarn lästern, wenn er die Fenster putzt, das Treppenhaus reinigt oder die Windeln zum Trocknen aufhängt. Auch Maikes Mutter unterstützt ihre Tochter. Sie bügelt Klaus' Hemden, eine Tätigkeit, für die Maike jedes Talent abgeht. Natürlich kann die Mutter es sich nicht verkneifen, hin und wieder den Zustand des töchterlichen Haushalts zu kommentieren. Dann drückt Maike ihr einen Lappen in die Hand und schimpft zurück: „Wisch doch selber, wenn es dir nicht paßt." Ein Jahr später kommt Susanne zur Welt. Klaus kann mit den kleinen Kindern nicht allzuviel anfangen, und es ist ihm recht, daß Maike sich jetzt hauptsächlich um sie kümmert und in der Wohnung nur das Nötigste macht.

Im großen und ganzen ist Maike zufrieden mit diesem Leben, nur manchmal meldet sich die kleine Stimme in ihrem Hinterkopf, die sie fragt: „Soll das alles sein?" Böse Stimme, lästige Stimme, weggeschobene Stimme.

Hin und wieder bricht Maike aus. Dann bringt sie die Kinder für ein paar Wochen zu ihrer Mutter und geht arbeiten. Aushilfsverkäuferin, Regale einräumen, „allein um das Gefühl zu haben, mal wieder was zu tun".

Fünfhundert Meter bis zum Lebensmittelladen, dreihundert Meter bis zur Spielwiese, drei Busstationen bis zur Kinderärztin. Die Wege müssen kurz sein mit zwei kleinen Kindern. Sie enden deshalb meist am Rande der eigenen Wohnsiedlung. Also engagiert Maike sich hier. Zu tun gibt es genug. Denn die Behörden haben bei der Konzeption der Siedlung ein paar Dinge vergessen: Spielplätze zum Beispiel, einen Kindergarten, eine Schule. Gemeinsam mit anderen gründet Maike eine Bürgerinitiative und nimmt den Kampf mit den zuständigen Stellen auf. Sie treffen sich, diskutieren, entwerfen Pläne, verfassen Schreiben, organisieren Protestaktionen. Und sie haben Erfolg. Stück für Stück erkämpft sich die Gruppe ein familiengerechtes Umfeld. In Deutschland herrscht Aufbruchstimmung Ende der sechziger Jahre. Selbst in der Neubausiedlung am Stadtrand kursieren die Begriffe und Konzepte der Studentenbewegung. Die Menschen, die hier wohnen, wollen in ihrem Viertel mitbestimmen und setzen sich zusammen, um ihre Vorstellungen vom eigenen Viertel zu bündeln und politisch durchzusetzen.

Als 1968 die DKP gegründet wird, tritt Maike ein. Sie macht Parteiarbeit, nimmt gemeinsam mit Mann und Kindern an Demonstrationen teil. Noch heute ist sie sichtlich stolz darauf, 1968 bei der Anti-Springer-Demo in Berlin dabeigewesen zu sein. Die große Koalition geht, Willi Brandt wird Bundeskanzler. Da ist Maike dreiundzwanzig Jahre alt. Drei Jahre später verabschiedet der Bundestag den sogenannten Extremistenbeschluß.

Obwohl sich die DKP zur „freiheitlich demokratischen Grundordnung" bekennt, wird die Partei vom Verfassungsschutz beobachtet und werden ihre Mitglieder in den meisten Bundesländern als für den Staatsdienst ungeeignet eingestuft. Initiator des Radikalenerlasses ist die Hansestadt Hamburg. In einem internen Papier kritisiert Herbert Wehner den Eifer seiner Partei, sich gegen die Linke, insbesondere die DKP, abzugrenzen: „Denn wenn man hier einmal anfängt, wo wird man enden? Wann wird die nächste Gruppe fällig sein und die übernächste?" Das fragt sich auch Maike, die die Verfolgung und Ausgrenzung von Kommunisten bereits durch die Geschichte ihres Vaters miterlebt hat. Als die große Hexenjagd auf tatsächliche und vermeintliche Genossen beginnt, sammelt Maike Gedächtnisprotokolle von den Anhörungsverfahren. Sie wertet diese aus und versucht, linke Lehramtskandidaten und andere Anwärterinnen für den Staatsdienst auf Fangfragen und sonstige Fallen vorzubereiten.

Mittlerweile sind die Mädchen in der Schule. Sie mosern, weil Maike ständig unterwegs ist. Sie hat jetzt auch eine Halbtagsstelle als Dekorateurin. „Wollt ihr lieber eine Mutter haben, die den ganzen Tag zu Hause sitzt?" fragt sie die Kinder. Die beiden schütteln den Kopf. Nein, dann lieber eine Mutter wie Maike. Auch Klaus ist es ganz lieb, daß seine Frau dazuverdient. Die Familie spart auf ein Eigenheim.

Urlaubsalben. Mutter, Vater und zwei Kinder in Bukarest. Mutter, Vater und zwei Kinder in Prag. Mutter, Vater und zwei Kinder in Weimar. Mutter, Vater und zwei Kinder lachen fröhlich. Aber die Mutter lacht von Jahr zu Jahr weniger fröhlich.

Irgendwann beginnen die Träume. Immer ist es die beste Freundin aus der Schulzeit, die ihren nackten Körper an Maikes schmiegt, ihre Brüste in den Mund nimmt, sie zwischen den Schenkeln streichelt. Maike weiß nicht, was sie damit anfangen soll und ist fest davon überzeugt, daß sie die einzige Frau auf der Welt ist, die solche Phantasien hat. Verstohlen schleicht sie sich in die Stadtbücherei, schaut unter dem Stichwort „Homosexualität" nach. Was sie dort findet, ist wenig ermutigend. Pseudowissenschaftliche Abhandlungen über Perversitäten und Verirrungen. Schließlich findet Maike sogar einen Roman: *Quell der Einsamkeit*. Was als glückliche Liebesgeschichte zwischen der Butch Stephen und ihrer Geliebten Mary beginnt, endet im deprimierenden Verzicht der Heldin. Diese ist fest davon überzeugt, ihrer Freundin weder Schutz noch Glück bieten zu können, und treibt sie deshalb mit einer Lüge in die Arme eines Freundes. Obwohl die einzige sexuelle Anspielung im Roman aus dem Halbsatz „... and that night, they were not divided" besteht, wird das Werk im Erscheinungsjahr 1928 von der konservativen Presse angegriffen und seine Verbreitung in Großbritannien schließlich gerichtlich verboten. Daß es zumindest in den USA und in Frankreich erscheinen kann, liegt sicherlich nicht zuletzt am finalen Scheitern der lesbisch Liebenden.

Um Gottes willen, das ist nun dein Schicksal, denkt Maike, als sie das Buch zuklappt. Wie immer läßt Maike die Bücher offen im Schlafzimmer herumliegen. Normalerweise interessiert sich Klaus dafür, was sie liest. Doch diesmal sieht er über ihre Lektüre hinweg.

Klaus ist mit dem Eheleben nicht zufrieden. Immer wieder weist Maike ihn ab, wenn er Sex haben will. Denn ihr wird zunehmend klarer, daß das nicht das ist, was sie will. Sein Frust entlädt sich, als die beiden die Wohnung umbauen. Das elterliche Schlafzimmer wird zum zweiten Kinderzimmer, vom Wohnzimmer trennen sie einen kleinen Raum für sich ab. Statt eines Ehebettes soll dort ein Etagenbett stehen. Als Maike und Klaus einen Schrank aufstellen, will Klaus einen Schraubenzieher haben. Maike versteht ihn nicht gleich, da schlägt er plötzlich zu. Maikes Reaktion ist Reflex: Sie schlägt zurück. Danach werkeln sie weiter, verlieren kein Wort mehr über diesen Vorfall.

Nach zwei weiteren Jahren im Etagenbett beschließt Maike, daß es so nicht weitergehen kann. Vorsichtig bereitet sie ihre Kinder darauf vor, daß eine Trennung ansteht. Systematisch fördert sie ihre Selbständigkeit. Ute und Susanne lernen, sich bereits im Alter von acht beziehungsweise sieben Jahren das Essen selbst warm zu machen, sich allein um ihre Hausaufgaben zu kümmern, öffentliche Verkehrsmittel zu benutzen. Maike macht sich derweil auf die Suche. Weit und breit kennt sie keine Lesbe und ist sich nicht sicher, ob sie nicht vielleicht doch die einzige in der Hansestadt ist. Das ändert sich, als sie 1973 durch Zufall an einen Wurfzettel gelangt: die Einladung zum ersten Hamburger Frauenfest.

Maike wird immer nervöser, je näher der Tag heranrückt. Sie hat nicht die geringste Idee, was sie dort erwarten wird, ist sich noch nicht einmal sicher, ob dort auch frauenliebende Damen anwesend sein werden. Und wenn ja, woran soll sie sie erkennen? Und wie soll sie sich benehmen? Als der Abend gekommen ist, wechselt Maike dreimal die Garderobe, bevor sie sich auf den Weg macht. Schließlich entscheidet sie sich für Jeans und ein blau-weiß gestreiftes Hemd. Das Fest findet in einer Kneipe statt. Maike geht erst einmal auf der anderen Straßenseite vorbei und schaut, wer da so reingeht. Ihr klopft das Herz bis zum Hals, als sie endlich kehrtmacht, die Straße überquert und an der Eingangstür klingelt. Bereits beim Eintreten glaubt sie ihren Augen nicht zu trauen: Plötzlich sind da Dutzende von Frauen, die miteinander lachen und tanzen. Maike sucht sich erst einmal einen sicheren Stehplatz neben der Bar und schaut und schaut und kann gar nicht aufhören zu gucken. Als sie beobachtet, wie zwei Frauen neben ihr sich innig küssen, spürt sie ein heißes Ziehen im ganzen Körper. Später findet sie den Mut zu tanzen. Und Blicke zu werfen. Da ist eine, die ihr gut gefällt. Maike gelingt es, mit ihr ins Gespräch zu kommen. Danach geht sie nach Hause zu Mann und Kindern.

In Hamburg gibt es Mitte der siebziger Jahre zwei Frauengruppen. Maike weiß, in welcher die Frau ist, die ihr beim Tanzen manchmal zugelächelt hat. So kommt Maike mit dem Feminismus in Berührung und stellt fest, daß das mit dem Nebenwiderspruch nicht so ganz richtig ist. Bisher hat Maike die Frauenfrage in Anbetracht der Aufgaben des Klassenkampfes eher als zu vernachlässigende Größe behandelt. Als sie ihre neuen Erkenntnisse aus der Frauenbewegung in ihre DKP-Gruppe einbringen will, stößt sie auf Widerstand. Mit Frauenemanzipation möchten sich ihre Genossen lieber nicht beschäftigen. Aber Maike, DKP-Mitglied der Gründungszeit mit immer noch guten Kontakten zu den Genossen hinter der Mauer, bekommt ein Angebot aus der DDR: Sie könne in Leipzig einen Ingenieursstudienplatz haben, für Wohnung und Kinderbetreuung sei gesorgt. Maike überlegt. Sie könnte Klaus verlassen. Alles wäre bereits für sie und die Kinder geregelt. Und sie hat Freunde im anderen Deutschland, fühlt sich gar nicht mal unwohl dort. Aber es gibt auch diese kleinbürgerliche Piefigkeit, die sie abschreckt. Gerade jetzt, wo für sie ein ganz anderes Leben beginnt, das sie sich in der DDR so gar nicht vorstellen kann. Maike lehnt ab. Wenig später tritt sie aus der DKP aus. Und beschäftigt sich immer mehr mit Frauenpolitik.

DIE SIEBEN MORDPLÄNE DER LESBISCHEN FRAUEN
RICHTER FLOHEN VOR LESBIERINNEN
LEBENSLÄNGLICH! LESBISCHE FRAUEN BLIEBEN EISKALT

Fett sind die Überschriften. Beinahe täglich lauern sie an jedem Kiosk und auch morgens am Frühstückstisch. Lesbisch, lesbisch, lesbisch. Plötzlich steht das Wort in allen Zeitungen. Kaum ein Mordfall beschäftigt die Presse derart wie der Ihns-Prozeß. Da hatte eine genug von den Vergewaltigungen und Mißhandlungen durch ihren Ehemann und hat gemeinsam mit ihrer Geliebten einen Mörder gedungen, der den Gatten gemeuchelt hat. Die Gutachter plädieren angesichts des vorangegangenen Ehemartyriums für Milde. Der Staatsanwalt fordert lebenslänglich. Vor dem Gerichtsgebäude demonstrieren Lesbengruppen für eine faire Verhandlung. Das Urteil lautet auf lebenslänglich. Das alles findet 1974 in Itzehoe statt, nicht weit von Maike entfernt. Und doch kommt es ihr vor wie eine Geschichte von einem anderen Stern. Was hat die genüßlich ausgewalzte Sexand-Crime-Story mit ihr zu tun? Viele Lesben-Aktivistinnen sehen das anders. Die Szene radikalisiert sich.

Derweil gesteht Maike der Frau aus der Frauengruppe, in die sie sich bereits beim Tanzen verguckt hat, ihre Verliebtheit. Die Angebetete findet Maikes Antrag „gar nicht so abwegig". Schon als sie sich das erste Mal küssen, weiß Maike, daß sie auf dem richtigen Weg ist. Und dann wird ihr schlagartig klar, daß sie mit dieser Frau im Bett genau das erlebt, was sie sich immer gewünscht hat.

Dann geht alles sehr schnell. Zuerst macht Maike einen langen Spaziergang mit Klaus, erzählt ihm, daß sie ihn verlassen will, um mit Frauen zu leben. Die Kinder sollen bei ihm bleiben, da Maike erst einmal ihr eigenes Leben in den Griff bekommen will. Gemeinsam mit Klaus besucht Maike die eigenen Eltern und auch die Schwiegereltern, wohl wissend, daß sie deren Unterstützung brauchen wird. Vorher hat Klaus noch einen Wunsch: „Sag den Eltern bitte nicht, warum du mich verläßt. Das würde mir zu sehr weh tun." Daß Maike ihn ausgerechnet wegen einer Frau verläßt, kränkt seinen Stolz. Die beiden beschließen, daß sie sich offiziell einfach auseinandergelebt haben. Was ja auch nicht falsch ist. Die Eltern sind auch so schon reichlich verärgert, vor allem wegen Maikes Entscheidung, die Kinder bei Klaus zu lassen. „Rabenmutter", sagt die eigene Mutter. „Rabenmutter", sagt die Schwiegermutter. „Rabenmutter", sagen auch einige andere lesbische Mütter aus der Frauengruppe.

Rabenmutter, denkt Maike und sucht sich trotzdem eine eigene Wohnung und einen Vollzeitjob in einem Fotoverlag. Das alles geschieht innerhalb einer Woche. Klaus hilft ihr beim Umzug.

Die ersten Treffen mit Klaus und den Kindern sind schwierig. Vor allem Susanne, die mittlerweile acht Jahre alt ist, leidet unter dem Wegzug der Mutter. Wochenlang hat sie Bauchschmerzen, immer wieder schwänzt sie die Schule. Daß Klaus wegen der Trennung erst einmal ständig schlechte Laune hat, macht die Situation für die Mädchen nicht leichter. Daß Klaus, kaum ist Maike ausgezogen, eine neue Freundin hat, ist für Ute und Susanne ebenfalls schwierig. Dann fängt Klaus auch noch an zu bocken: „Ich kann die Kinder nicht mehr zu dir lassen, wie du lebst, das ist unmoralisch." Das Tauziehen beginnt, wird aber bereits zwei Monate später von Klaus' Freundin beendet. Als er Maike wieder einmal den Kontakt mit den Kindern verweigern will, schaltet sich Beate ein: „Komm laß, das hätte bei mir auch eine Frau sein können." Klaus fällt die Kinnlade herunter. Dann gibt er den Widerstand auf.

Maike ist mittlerweile mit Ulrike, ihrer Freundin, zusammengezogen. Diese hat selbst ein Kind, muß aber immer wieder darum kämpfen, ihr Besuchsrecht wahrnehmen zu können. Ihr Mann hat erfolgreich gegen sie um das Sorgerecht gekämpft und allerlei Verleumdungen verbreitet, um sie in Mißkredit zu bringen. Daß Maike zwei Kinder hat, ist für Ulrike kein Problem. Sie nehmen die beiden Mädchen mit in den Urlaub und auch zu Frauenfestivals und in Frauenferienhäuser. Mit offenem Mund und großen Ohren sitzen Ute und Susanne dann mit am Tisch und lauschen sich in die fremde Welt hinein. Daß stets auch andere Kinder da sind, macht es ihnen leichter, sich an die Frauenwelt zu gewöhnen. Sie stellen bald fest, daß das, was ihre Mutter lebt, für sie in Ordnung ist.

Maike wird derweil zur besten Beraterin ihrer Nachfolgerin. Klaus und Beate heiraten ein Jahr nach der Trennung von Maike. Doch bald hat Beate einige Schwierigkeiten mit ihrem Gatten. Regelmäßig ruft sie Maike mitten in der Nacht an, um sich Ratschläge zu holen. Da ist zum Beispiel Klaus' Hang zur Cholerik. Während Maike stets der Meinung war, daß ein gewisses Maß an Selbstbeherrschung angebracht ist, findet Beate, daß die Aggressionen rausmüssen. Was fatale Folgen hat: Immer wieder entwickeln sich Streits zwischen Klaus und Beate zu regelrechten Prügeleien. Maike hört zu und gibt geduldig Ratschläge, obwohl ihr die nächtlichen Telefonate zunehmend auf die Nerven gehen. Trotzdem ist sie immer wieder bereit zu helfen. Als Beate im achten Monat schwanger ist, die Familie in ein Eigenheim umziehen will und offensichtlich überhaupt nicht klarkommt, ruft Maike ihren Ex-Mann an. „Sag mal, brauchst du Hilfe?" Er braucht. Also rücken Maike und Ulrike mit dem Lieferwagen an und machen den Umzug. Später baut Maike gemeinsam mit Klaus und der kleinen Tochter das Dach seines Hauses aus. Nicht viel später bleibt Maike mitten in der Nacht mit ihrem Wagen liegen. Sie ruft Klaus an, und er kommt und schleppt sie ab. Das sind die beiden Ebenen, auf denen sich die beiden nach der Trennung begegnen: Dinge, die die Kinder betreffen, und gegenseitige praktische Hilfeleistungen. Auch die Kinder gehen zunehmend pragmatisch mit der Trennung um. Beide neuen Paare werden zu Schulaufführungen eingeladen, Vater und Ehefrau an einem Abend, Mutter und Freundin am anderen.

Ärger bekommt Maike vor allem mit ihrem eigenen Vater. Als sie eine Woche nach der Trennung mit ihrer Mutter telefoniert, fragt diese Maike, ob sie einen neuen Mann habe. Maike atmet einmal tief durch: „Nee, Männer sind es jetzt ja nun nicht mehr." Ihre Mutter klingt keineswegs erstaunt oder gar entsetzt. „Soll das heißen, daß du jetzt mit Frauen leben willst?" „Ja." „Das wundert mich nicht." Im Hintergrund hört der Vater mit. Und der wundert sich nicht nur, sondern erteilt Maike Hausverbot.

Sie bekommt keine Gelegenheit, mit ihm zu reden. Was zu Hause los ist, erfährt Maike dann von ihrer Tante, der Schwester ihres Vaters. Die Tante ist ein Fräulein und legt Wert darauf. Das Thema Lesbischsein ist für sie keins. Sie hat während ihrer Arbeit, erst im Krankenhaus und dann bei der Post, etliche Frauenpaare kennengelernt. Daß jetzt auch Maike ... wundert sie überhaupt nicht. Mensch, ihr habt das wohl schon gewußt, und mich habt ihr dumm in die Ehe gehen lassen, denkt Maike. Immerhin erfährt sie von ihrer Tante, daß ihre Mutter den Aufstand probt. Nach dreiunddreißig Ehejahren hat sie ihrem Mann die Trennung angedroht, wenn dieser nicht einlenke und Maike wieder einlade. Derweil trifft sie sich hin und wieder mit Maike in Cafés oder besucht sie auch mal in ihrem neuen Zuhause.

„Ich war völlig perplex, daß meine Mutter sich so für mich stark gemacht hat. Das hab' ich nie vorher erlebt. Meine Tante hat mir erzählt, du, die macht ernst. Danach ist das Verhältnis zu meiner Mutter sehr viel enger geworden. Für meine Mutter ist mein Coming-out der Punkt, von wo an wir ein besseres Verhältnis zueinander hatten, und das gefällt ihr sehr gut."

Als der Vater nach anderthalb Jahren endlich zum Einlenken bereit ist, gibt die Tante das Signal. „Du, ruf jetzt mal an. Ich denke, deine Mutter hat ihn weichgekocht." Tagelang streicht Maike ums Telefon, nimmt den Hörer ab, wählt ein paar Ziffern, legt den Hörer wieder auf. Dann hat der Vater Geburtstag. Wenigstens ein aktueller Anlaß. Maike wählt die Nummer, und jedes Klingeln des Telefons schrillt ihr ins Ohr wie eine Fanfare. Als der Vater sich meldet, ist sie völlig verunsichert. „Ich wollte dir zum Geburtstag gratulieren." „Danke, wann kommst du denn mal wieder?" „Ich weiß nicht, wann soll ich denn?" „Jetzt, sofort." Maike wirft den Hörer auf und schnappt sich die nächstbeste Jacke. Eigentlich wollte sie ja heute ... Eigentlich. Maike springt ins Auto und fährt, im Bereich jenseits der zugelassenen Höchstgeschwindigkeit zum Haus ihrer Eltern. Der Empfang ist herzlich. Sie reden über alles mögliche, nur nicht über die Verbannung und den Grund dafür. Maike wird nie mit ihrem Vater darüber sprechen. Aber beim nächsten Anlaß lädt er ihre Freundin mit ein. Und behandelt fortan Maikes Partnerinnen als Teil der Familie. „Da war die Sache durch."

Ihre Arbeit im Verlag hängt Maike nach einiger Zeit an den Nagel, obwohl sie zur Fotoredakteurin aufgestiegen ist und gutes Geld verdient. Maike ist in Aufbruchstimmung.

„Du hast ja immer mal Punkte, wo du dich hinsetzt und denkst, wie sind eigentlich die nächsten zehn Jahre, was passiert eigentlich. Und wenn du merkst, das ist es nicht, mußt du überlegen, was du statt dessen machst. Insofern gehörten Coming-out und neuer Job zusammen."

Der Holzgeruch, der ihr in der Kindheit so gefallen hat, hängt ihr immer noch in der Nase. Bereits als junge Mutter hat sie einen Anlauf genommen, aber eine Lehrstelle mit zwei kleinen Kindern! Die Meister haben nur abgewinkt. Aber jetzt ist alles anders. Maike sucht sich einen Betrieb, geht dann zum Arbeitsamt. Weil sie keine abgeschlossene Berufsausbildung hat, bekommt sie einen Umschulungsplatz zur Tischlerin. Sie ist sich schnell sicher, die richtige Wahl getroffen zu haben. Nach der Lehre bleibt sie eine Weile in diesem Betrieb, dann wechselt sie in ein Werkstattprojekt von autonomen Jugendwerkstätten. Dort richtet sie eine Frauentischlerei ein. In Abendkursen macht Maike ihren Meister. Schließlich bekommt sie ein Angebot von der Firma, wo sie ihre Lehre gemacht hat; sie könne dort als Ausbilderin arbeiten.

„Da hab' ich gedacht, das möchte ich! In der Umschulungswerkstatt waren eine Reihe Frauen, die Tischlerin werden wollten, da hatte ich Lust, auszubilden. Problematisch war das mit den Kollegen, acht gestandene Handwerksmeister, für die war das was völlig Neues, daß da 'ne Frau im Ausbildungsteam war. Das hat 'ne Weile gedauert, bis die mich akzeptiert haben. Mit den Kerlen in den Ausbildungsklassen bin ich gut klargekommen. Das waren ja schon achtzig bis neunzig Prozent Kerle. Und das mit jedem Hintergrund. Auch Alkis, Drogis und so weiter. Wenn du da nicht klar sagst, was du willst, und das dann auch durchziehst, ist das Thema durch."

Doch Maike weiß, wie sie die Jungs am Genick packen muß. Mit den Frauen in der Klasse tut sie sich schon schwerer. Die finden es manchmal reichlich blöd, daß Maike sich auch um die männlichen Auszubildenden intensiv kümmert. Gerade einige Lesben haben damit so ihre Probleme. Maike selbst macht aus ihrer sexuellen Orientierung keinen Hehl. An der Jacke trägt sie ein Lesbenzeichen, und einmal wird über sie und eine Kollegin in der Werkstatt ein Film für die ARD gedreht. Die schreinernde Lesbe beziehungsweise lesbische Tischlerin zur besten Sendezeit im ersten Programm. Keiner der Kollegen spricht sie darauf an. Die Frauen dagegen reagieren auf das Abzeichen an der Jacke. Doch aus dem ersten augenzwinkernden Einvernehmen wird in manchen Fällen gegenseitige Enttäuschung.

„Ich glaube, das war meine Schuld. Ich hab' von den Frauen mehr an Leistung und Einsatz erwartet als von den Männern. Das war denen manchmal zuviel. Ich denke, wenn du so einen Beruf ergreifst, mußt du ein Stück tougher sein als die Kerle, sonst gehst du unter."

Tough ist Maike. Sie schleppt auch dann noch gemeinsam mit ihren Lehrlingen Fensterrahmen und Türen in den vierten Stock, als ihr längst schon die Knie weh tun. Soll einer sagen, Frauen könnten nicht anpacken! Vielleicht ist sie zu lange tough. Irgendwann sind die Knie hinüber. Maike wechselt von der Werkstatt als Lehrerin ins Klassenzimmer.

„Wie kannst du nur in einem solchen Männerhaufen arbeiten", wird sie gefragt. Maike allein, mitten im Patriarchat. Eine Stimme, als würde sie Verrat begehen. „Weil es mir Spaß macht", sagt Maike. Weil für die Frauen, die die Ausbildung machen, dann wenigstens eine Frau da ist, denkt sie. Aber das sagt sie nicht. Warum sollte sie sich rechtfertigen?

Auch Maikes Töchter lernen später „Männerberufe". Denn eines macht Maike deutlich: Wer studieren will, soll vorher eine solide Ausbildung machen und erst einmal die Arbeitswelt kennenlernen. „Holz kannst du ja", sagt die Große zu ihrer Mutter und wird Maschinenschlosserin. Die Kleine entscheidet sich für Energieanlagenelektronikerin. Mittlerweile sind sie beide fast mit dem Studium fertig. Verfahrenstechnik und Informatik. Männerstudiengänge? Pah!

Die Annäherung an die Töchter erfolgt nach der Trennung schrittweise. Vor allem zur Großen hat Maike nach wie vor einen engen Draht. Diese versteht sich zwei Jahre nach der Trennung der Eltern überhaupt nicht mehr mit ihrem Vater. Also beschließt der Familienrat, daß Ute zu Maike und Ulrike zieht. Doch da ist, trotz Klaus' Einverständnis, erst einmal das Jugendamt vor. Das schickt eine Fürsorgerin vorbei, die in die Ecken von Maikes neuer Beziehung gucken soll, um zu beurteilen, ob das Kind auch keinen Schaden nimmt. Maike weiß nicht so recht, was es da zu kontrollieren gibt. Vorsichtshalber bringt sie die Wohnung auf Hochglanz und kocht eine Kanne Kaffee.

„Da kommst du dir wirklich bescheuert vor. Das war halt 'ne Heterofrau, und die war schon etwas pikiert. Aber bösartig war sie nicht. Und dann hat sie schon gemerkt, daß sowohl ich als auch meine Tochter das wirklich wollten und daß meine Freundin, die ja selbst Mutter ist, damit keine Probleme hat. Da hab' ich dann das Sorgerecht für Ute bekommen."

Das Zusammenleben mit der Tochter wird für Maike zum Spiegel ihrer eigenen Jugend – allerdings mit umgekehrten Vorzeichen. War früher sie diejenige, die ihre Mutter mit ihrer Schlampigkeit zur Weißglut getrieben hat, hat Maike nun Gelegenheit, sich über das Chaos ihrer Tochter aufzuregen. „Bei dir im Zimmer schlägt die Unordnung noch Wurzeln", pflegt sie zu

ihrer Tochter zu sagen, die das naturgemäß gar nicht beeindruckt. Also schaffen sich Maike und Ulrike eine gewisse räum-
liche Distanz zum Urwald der Tochter. Sie legen zwei Wohnungen zusammen, mit getrennten Wohnbereichen, Bädern und
Eingängen. Nur die Küche wird gemeinsam genutzt, und dafür
gibt es eindeutige Regeln. Zum Beispiel, daß dort keine Knaben
reingehören, vor allem nicht in nacktem Zustand. In ihrem Teil-
bereich dagegen kann die Tochter Freunde empfangen, auch
über Nacht. Und Ute nutzt die Möglichkeit, seit sie fünfzehn ist.

„Ich hab' dann immer mal höflich nachgefragt, wie denn das
so ist mit der Verhütung, und sie sagte immer, reg dich nicht
auf, wir schlafen nicht miteinander. Als es dann soweit war, hat
sie sich Verhütungsmittel besorgt. Ich hab' immer gedacht, meine beiden Töchter sehen das ganz pragmatisch. Bis ich dann eines Tages mit meiner Jüngeren Wände gestrichen hab'. Da sagt
die zu mir: Lach jetzt nicht, Ute ist schwanger. Da hab' ich erst
mal geschluckt. Da war meine Tochter achtzehn und kurz vorm
Abitur. Aber sie wollte das Kind nicht, da gab's dann kein Baby.
Ein Jahr später mußte die Jüngere ihr das dann nachmachen.
Auch abgetrieben. Ich hab' gedacht, mein Gott, meine aufge-
klärten Töchter und dann schwanger! Daß sie mit Jungs zusam-
menwaren, fand ich in Ordnung. Sie haben gesagt, wir haben ja
die Wahl, und uns ist mehr nach Jungs. Sie hatten ja bei meinem
Mann das Heteroleben und bei mir das lesbische Leben und haben dann festgestellt, so viel unterscheidet sich das auch nicht.
Die Sexualität ist völlig anders, aber die Auseinandersetzungen
im Alltag, das ist nicht viel anders."

Erstaunt stellt Maike fest, daß auch in lesbischen Beziehungen
der Alltag die Erotik töten kann. Nach acht Jahren mit ihrer ersten Freundin ist es soweit: Das Prickeln ist weg. Die beiden beschließen, sich zu trennen, bleiben aber noch drei Jahre zusammen wohnen. Mittlerweile lebt Ulrike in Süddeutschland. Maike
hat noch immer die Vollmacht über ihr Konto und regelt Dinge

wie die Steuererklärung für sie. Die beiden sind Freundinnen geblieben. Auch Maikes nächste Liebe hat viele Jahre gehalten. Jetzt ist sie zum ersten Mal in ihrem Leben allein.

Maike sitzt im Garten und lacht aus vollem Hals. Ihr Hund Pascha versucht die Hündin zu bespringen. „Beiß ihm die Nase ab", ruft sie Hera zu. Diese nimmt die Annäherungsversuche ihres Spielkameraden gelassen. Auch als Pascha es in der Missionarsstellung versucht. „Das beste an der ganzen Sache ist", lacht Maike, „der kann gar nicht, der blöde Hund ist impotent." Und die Hündin weiß, daß sie den Kerl am Genick durch den ganzen Garten schleifen kann, wenn sie will.

Über Maikes Klo hängt ein Mordillo-Cartoon. Ein Exhibitionist lauert an einer Straßenecke einer Frau auf. Als sie herangekommen ist, reißt er den Mantel auf und entblößt seinen Schwanz. Sie dreht sich um, reißt den Rock hoch und zeigt ihm den nackten Hintern. Da fällt der Kerl in Ohnmacht.

Früher hat Maike ihr Berufsleben überwiegend mit Männern, ihr Privatleben ausschließlich mit Frauen verbracht. Mittlerweile sind Männer auch in Maikes Privatleben willkommen. „Ich hab' nicht mehr das Gefühl, mich von einem Teil der Menschheit abgrenzen zu müssen. Ich bin ja auch ständig mit den Jungs von meinen Töchtern konfrontiert. Und dann hab' ich auch eigene Freunde, auch Heterofreunde. Die hab' ich alle nach meinem Coming-out kennengelernt. Manchmal treff' ich auch die Leute aus der Antifa-Jugendgruppe. Zu Klassenfesten geh' ich auch. Das erste Mal bin ich natürlich mit Freundin gekommen. Man kann schon Klarheit schaffen, wenn man will. Wenn mich manche Leute dann komisch finden, muß ich ja mit ihnen nichts zu tun haben. Ich find' ja auch manche Leute komisch."

Männergesellschaft hat Maike jetzt vor allem im Hundezüchterverein im nächsten Ort und bei der Freiwilligen Feuerwehr. Daß sie mittlerweile auf dem Land wohnt, hat sie Petra, ihrer letzten Freundin, zu verdanken. Die will unbedingt ins Grüne. Also kaufen sich die beiden Frauen in Dithmarschen ein Haus. Eine Bruchbude, aber billig. Die Nachbarn staunen nicht schlecht, als die beiden Frauen Steine schleppen, Fenster einbauen, eine Holzwerkstatt errichten, Schaufel und Pinsel schwingen. Eines Tages steht der Bauer von gegenüber am Zaun. „Ihr habt's ja hier richtig schön gemacht. Gut, daß hier jetzt wieder jemand wohnt."

Als Maike und ihre Freundin fertig sind mit dem Haus, laden sie die anderen aus dem Dorf zur Besichtigung ein. Viele kommen vorbei. Auch das gemeinsame Schlafzimmer samt Doppelbett wird präsentiert – und unkommentiert hingenommen. Tüchtig sind sie, die beiden Frauen aus der Stadt!

Bald darauf steht die Nachbarin vor der Tür. „Heute abend ist Dorffest mit Tanz. Kommt doch auch vorbei!" Maike und Petra knutschen nicht und sie halten auch nicht Händchen, aber sie tanzen zusammen. Was die Leute dazu sagen, können sie nicht hören, dazu ist die Musik zu laut. Es interessiert sie auch gar nicht. Zum nächsten Fest werden sie wieder eingeladen.

Im Dorf gibt es zwei Vereine: den Ringreiterverein und die Freiwillige Feuerwehr. Maike und Petra treten in beide ein. „So elitäre Stadttussen, die zwar auf dem Land leben, aber mit den Leuten nichts zu tun haben wollen, wollten wir nicht sein, das war von Anfang an klar." Der Höhepunkt des Ringreitervereinslebens ist ein Fest, bei dem die Reiterinnen und Reiter mit kleinen Stöcken in vollem Galopp durch an Schnüren aufgehängte Ringe stechen müssen. Maike nimmt Reitstunden und beteiligt sich einmal sogar am Wettkampf. Die Freiwillige Feuerwehr betrachtet Frauen eigentlich nur als passive Fördermitglieder. Das sieht Maike gar nicht ein. Gemeinsam mit einer Heterofrau stürmt sie die Männerbastion und wird Feuerwehrfrau. Da die beiden in der Gegend weit und breit die ersten Feuerwehrfrauen sind, kommt der Ort sogar in die Zeitung. Da sind die Feuerwehrmänner dann stolz auf ihre Frauen.

Ob es dort nicht manchmal diese Herrenwitze gibt und Pin-up-Girls in den Spinden und beleidigende Sprüche nach den ersten Gläsern Bier? Maike schaut, als sei so etwas in ihrer Gegenwart das Abwegigste der Welt. „Nee, überhaupt nicht, was denn für Sprüche?"

Natürlich gibt es auch auf dem Land Lesben. Die stammen meist aus großen Städten wie Berlin und Hamburg. Mit den Lesben, die auf dem Land geboren werden, ist es anders: Die ziehen meist in große Städte wie Berlin und Hamburg. In Maikes Landkreis gibt es sogar einen Lesbenstammtisch. Die Frauen treffen sich einmal im Monat in der Kreisstadt beim Italiener. „Wenn ich da hingehe", sagt eine Freundin von Maike, die als Lehrerin arbeitet, „wissen es alle." Sie geht trotzdem hin.

Maike hält das Gesicht in die Sonne und zündet sich genüßlich ein zweites Zigarillo an. Im Baum über ihr streiten sich ein paar Spatzen. Irgendwo brummt ein Rasenmäher. „Es ist schön hier draußen." Manchmal ist es nicht leicht, vor allem abends, wenn sie allein ist in dem Haus. Zurück nach Hamburg will sie trotzdem nicht.

„In der Stadt ist es egal, ob du lebst oder stirbst, außer für deine engsten Freunde. Hier helfen wir uns gegenseitig, auch wenn mal einer krank ist. Wenn du hier was für die Gemeinschaft tust, tut die Gemeinschaft auch was für dich."

Das Haus gehört jetzt Maike und der Bank. In der Werkstatt hinter dem Haus, die sie sich selbst gebaut hat, erledigt Maike Auftragsarbeiten, soweit es ihre Knie zulassen. Wenn sie sich mal gar nicht bewegen kann, springen ihre Nachbarn ein. Da schaut dann der Mann von gegenüber mit der Motorsense vorbei und mäht Maikes Wiese. Oder eine Frau aus dem Dorf kommt zum Saubermachen. Dafür hilft Maike, wenn es um Holzarbeiten geht. Sie schaut über die Wiese, rüber zur Freiwilligen Feuerwehr. „Ich kann mir gut vorstellen, hier alt zu werden."

„Allein diese Frau anzufassen – das war Wahnsinn!"

(Sabine, 32 Jahre)

Hauptbahnhof Leipzig. Im riesigen Bahnhofsgebäude klafft ein großes Loch. Bagger wühlen sich viele Meter unter der Erdoberfläche in das Fundament. Die Säulen sind bis tief in den Untergrund freigelegt, sehen mittlerweile reichlich angeknabbert aus. Die meisten Fensterscheiben am Kopf des Bauwerkes sind zerbrochen. „Mensch", sagt eine mittelalte Frau zu ihrem Begleiter, „was haben die nur aus unserem schönen Bahnhof gemacht!"

Sabine lacht. „Gut, daß hier endlich mal was passiert. Mensch, was hab' ich mir auf diesem verdammten Bahnhof schon den Arsch abgefroren!" Dreizehn Jahre ist es her, seit sie hier zum ersten Mal angekommen ist. Mit zwei großen Taschen und reichlich Respekt vor der fremden großen Stadt. Es dauert, bis Sabine herausfindet, welche der vielen Straßenbahnen in welche Richtung fährt und welche Straßen sie laufen muß, um dorthin zu kommen, wo sie hin will. Die Stadt erscheint ihr laut und voll und einschüchternd. Den meisten Frauen aus ihrem Lehrerseminar geht das ähnlich. Fast alle haben einen festen Freund, Verlobten oder Ehemann, der am Wochenende auf dem heimatlichen Kleinstadtbahnhof wartet. Nur eine junge Frau ist ein wenig anders. Sie kommt aus Leipzig, zieht sich ganz anders an als ihre Mitstudentinnen und macht keinen Hehl daraus, daß sie die Landeier reichlich langweilig findet. Sabine im Gegenzug ist sich sicher, daß diese Frau ganz einfach übertrieben extravagant und ziemlich bekloppt ist. Sie selbst ist froh, jeden Freitag zum Bahnhof eilen zu können, um nach Hause zu ihren Eltern und ihrem Verlobten zu fahren. Zu Hause, das ist die Kleinstadt, sind die Wälder drumherum, deren Ruhe und vertrauten Gerüche.

Als Kind durchstreift sie die Gegend mit ihrem Vater, zwei Rucksäcke voller Proviant, zwei Fahrtenmesser, ein Stück Schnur und was Abenteurer sonst noch zum Überleben in der Wildnis brauchen. Einmal dringen sie bis ins wilde Moor vor, eine Gegend, in der keine ausgebauten Wege den Wandernden bei der Orientierung helfen. Vorsichtig tasten Sabine und ihr Vater sich Schritt für Schritt durch diese unwirtliche und gefährliche Gegend, in der ein einziger Fehltritt das Ende bedeuten kann. Sie essen riesige wilde Blaubeeren, beobachten einen Auerhahn, und der Vater erzählt, was er über die Tiere und Pflanzen dieser Landschaft weiß. Der Vater weiß ein ganze Menge, und nicht zuletzt deshalb bewundert ihn Sabine. Schon als kleines Kind ist sie fasziniert von dem stattlichen Mann, der nach Hause kommt in seiner Uniform, die Brust übersät mit Orden, der Sabine hochhebt, damit sie die glänzenden Metallstücke anfassen kann. Er zeigt ihr auch Waffen und erklärt ihr militärische Begriffe und Taktiken. Ihm ist es offenbar ganz recht, daß die mittlere seiner drei Töchter mehr für Technik und Hosen als für Puppen und Röcke übrig hat. Nur die Mutter versucht manchmal gegenzusteuern. „Schau nur dieses schöne Kleid, zieh das doch mal an!" Aber Sabine verzieht das Gesicht.

Als Jugendliche ist Sabines ganzer Stolz ein eigenes Moped. Mit Jeans, Karohemd und Lederjacke braust sie Anfang der achtziger Jahre durch die Gegend. So lernt sie Boris kennen. An ihm gefällt ihr, daß er besonders gut Moped fahren kann. Und er ist nicht so ein Spargeltarzan wie die anderen Jungs in seinem Alter. Außerdem haben die anderen Mädchen fast alle einen festen Freund. Und dann gibt es da auch noch diesen Nachbarn. Mit ihm hat Sabine eine heimliche Liaison, seit sie dreizehn ist. Sie lernt ihn über seinen kleinen Sohn kennen, auf den sie manchmal aufpaßt. Erst ist sie mit dem Nachbarn befreundet. Dann beginnt der Dreißigjährige das Mädchen anzufassen. Die Berührungen des Mannes entfachen in ihr das Bedürfnis nach körperlichen Zärtlichkeiten. Die Eltern sind diesbezüglich schmerzhaft zurückhaltend. Umarmen, Streicheln und Küssen kommt in Sabines Elternhaus kaum vor. Als die Annäherungen des Mannes immer eindeutiger sexuell werden, wecken sie Sabines Neugierde. Es ist ihr ein wenig unheimlich, aber keineswegs unangenehm. Stück für Stück und äußerst behutsam treibt der Mann die Intimitäten mit Sabine weiter. Zweimal versucht er seinen Schwanz in sie reinzustecken, doch da weigert sich das Mädchen. Und er akzeptiert ihre Weigerung. Und macht ihr Geschenke. Und bringt ihr sogar das Mopedfahren bei. Ein guter Freund, denkt Sabine. Das finden auch die Eltern, nicht zuletzt weil der Nachbar immer mal wieder Dinge organisieren kann, die dringend gebraucht werden und sonst nirgendwo zu kriegen sind.

Mit sechzehn zieht Sabine die Notbremse. Die heißt Boris. Der Nachbar tobt ein wenig, bekommt ein paar Eifersuchtsanfälle und zieht sich dann beleidigt zurück. Dann nimmt Boris Raum ein. Noch wohnen beide bei ihren Eltern. Trotzdem verloben sie sich bereits mit siebzehn. Zur Feier des Tages bekommt Sabine von Boris eine Schachtel Pralinen und eine Flasche Wein, was in ihr erste leise Zweifel sät. Dann ist da die Sache mit der Schwiegermutter, die sie jeden Sonntag mittag besuchen soll. Die besteht darauf, daß Sabine zum Kochen die Dederon-Schürze überzieht. Mein Gott, kommt ihr einmal der Gedanke, du bist siebzehn, das kann doch nicht sein, daß du jetzt schon so rumdackelst, wie du es mit fünfzig auch noch machen würdest!

Zweifel kommen ihr auch, als Boris darauf besteht, daß Sabine ihr Moped verkauft. Eigentlich hatte sie sich vorgestellt, mit ihm gemeinsam durchs Leben zu fahren, jeder mit einem eigenen Lenker in den Händen. Doch da ist Boris anderer Meinung. Wenn ein Mädchen und ein Junge zusammen sind, so findet er, reicht ein Moped. Ganz klar, daß der Junge vorne und das Mädchen hinten sitzt. Sabine liebt ihr Moped, aber noch mehr liebt sie Harmonie. Und sie glaubt, daß das dann eben der Preis ist, wenn ein Mädchen einen festen Freund hat. „Mein Freund" oder später gar „mein Verlobter" sagen zu können klingt gut in Sabines Ohren. Es klingt erwachsen, und außerdem läßt es sie mehr als vorher zur Jugendclique der Kleinstadt dazugehören. Außerdem ist ihr Freund einer der attraktiveren Jungs im Landkreis. Und gerade sie, die Frau in Lederjacke und Karohemd, hat ihn sich geschnappt. Das erfüllt sie durchaus auch mit ein wenig Stolz.

Außerdem mag Sabine Sex. An ihrem siebzehnten Geburtstag schläft sie das erste Mal mit Boris. Dieses Erlebnis allerdings ist für sie vor allem schockierend. Boris hat einen ziemlich großen Schwanz, und er ist ungeduldig und außerdem genauso unerfahren wie sie. Es tut weh. Hinterher sitzt Sabine auf dem Klo und schiebt einen Finger in sich rein, um nachzuspüren, was da passiert ist. Ich kann in mich eindringen, denkt sie und ist plötzlich so verstört darüber, daß sie weinen muß. Schon bald stellt sie fest, daß ihr das Vorspiel besser gefällt als alles andere.

„In der ersten Zeit haben wir fast jeden Tag Sex gehabt. Es war nicht wirklich gut, aber es war auch nicht schlecht. Was gut war, war die Wärme und die Haut des anderen und das Geilwerden, aber sobald er seinen Schwanz eingesetzt hat, um in mich einzudringen, da wurde es enttäuschend. Ich hab' immer gedacht, jetzt ist es gleich vorbei, auch das ganze Schöne. Wir haben viel ausprobiert, aber ich hab' nie 'nen Orgasmus gehabt. Wenn er gekommen ist, hab' ich gedacht, jetzt hab' ich auch 'nen Orgasmus. Ich hatte doch keine Ahnung, Bücher über weibliche Sexualität gab es bei uns nicht. Ich hatte oft keine Lust, aber er hat mich dann bedrängt. Mich hat das irgendwie belästigt, wenn wir morgens aufgewacht sind und sein Schwanz stand oder er gleich geil wurde, wenn wir nur mal gekuschelt haben. Aber da hatte ich so eine Art Helferinnensyndrom, da hab' ich gedacht, na, wenn er steht, dann mußt du jetzt auch."

Bald verbringen Sabine und Boris jede Nacht zusammen, mal bei ihren Eltern, mal bei seiner Mutter. Dann beginnt das Studium und damit eine Wochenendbeziehung. Diese dauert ein Jahr, und in dieser Zeit merkt Sabine, die sich immer mehr an die große Stadt und auch an das Studentenwohnheim gewöhnt, daß es ihr fernab von ihrem Verlobten eigentlich auch ganz gut gefällt. Denn hier in Leipzig hat sie neue Leute kennengelernt, Menschen, mit denen sie über Dinge reden kann, die in der Kleinstadt niemanden interessieren. Literatur zum Beispiel oder auch Sprachwissenschaft, die sie immer mehr fasziniert. Sie ist regelrecht erleichtert, als Boris zum Armeedienst eingezogen wird und an den Wochenenden nicht mehr nach Hause fahren kann. Als sie das erste Mal am Freitag zurück in die Kleinstadt fährt, ohne daß er am Bahnsteig steht, legt sie sich genüßlich in die Badewanne, liest ein gutes Buch, trinkt abends in Ruhe ein Glas Wein mit ihrer Mutter. Und hat nicht im geringsten das Gefühl, etwas zu vermissen.

Am nächsten Wochenende besucht Sabine eine Freundin in Greifswald. Dort ist eine Faschingsparty im Studentenclub und mächtig was los. Völlig im Rausch ihrer neuen Freiheit bleibt sie ein paar Tage dort, ohne jemandem Bescheid zu sagen. Ihre Eltern, die das von ihrer Tochter gar nicht gewohnt sind, geben eine Vermißtenanzeige auf. Derweil amüsiert Sabine sich prächtig. Und sie lernt einen jungen Mann kennen, mit dem sie ins Bett geht. In den nächsten Wochen und Monaten gibt es noch einen jungen Mann und noch einen. Sie muß gar nicht viel tun, damit ihr die Kerle hinterherlaufen. Und sie bedient sich, ohne Gefühle an die Jungs zu verschwenden. Nach vollzogenem Akt schmeißt sie sie aus dem Bett, was diese meist nicht sehr komisch finden. Aber Sabine genießt ihre Macht und bekämpft ihre Verwirrung. Denn ihr Herz schlägt längst für jemand anderen. Frau Dr. Maier ist beeindruckend klug. Und sie spiegelt Sabines Liebe zur deutschen Sprache, hilft der jungen Frau, geistig zu wachsen, lehrt sie wissenschaftliches Arbeiten. Sabine hängt während der Vorlesungen an ihren Lippen; kaum hat die Dozentin ein Buch auch nur erwähnt, eilt Sabine in die Bibliothek, um es zu lesen. Kein Wunder, daß Sabine in ihrer Seminargruppe mit Abstand die beste Studentin ist. Auch Dr. Maier wird auf die engagierte junge Frau aufmerksam und beginnt, sie zu sich nach Hause einzuladen. Dort treffen sich Dozenten und Studenten von allen Universitäten der DDR, um wissenschaftliche Fragen zu diskutieren. Beinahe fieberhaft, mit glühenden Wangen und glänzenden Augen, sitzt Sabine dabei und saugt diese neue Welt in sich auf. Sie ist fasziniert, auch von der Tatsache, daß die Dozentin keine Gardinen hat, dafür aber Bücherregale bis unter die Decke. So will sie auch leben, beschließt sie. Die Kleinstadt und ihr kleinbürgerliches Elternhaus rücken in immer weitere Ferne. Manchmal lädt die Dozentin Sabine auch allein auf einen Tee zu sich ein, um gemeinsame Projekte zu besprechen. Diese Begegnungen machen die junge Frau zunehmend nervöser.

Denn nachts wacht sie jetzt manchmal schweißgebadet auf, weil sie wieder einmal davon geträumt hat, mit ihrer Dozentin Sex zu haben. Auch tagsüber liegt sie immer häufiger auf dem Bett und malt sich sexuelle Phantasien aus. Die Treffen mit Dr. Maier, welche Sabine selbst in ihren Gedanken nie mit dem Vornamen anzusprechen wagt, sind Qual und Wonne zugleich. Sabine zeigt ihr Liebesgedichte, und die Angebetete wundert sich, für wen die wohl geschrieben wurden. Sie wundert sich auch, warum die Ringe unter Sabines Augen immer dunkler und die Wangen zunehmend eingefallen aussehen. „Eine unglückliche Liebe", gesteht die Studentin irgendwann, sagt aber nicht, in wen sie verliebt ist. Manchmal liegt ihr das Geständnis ganz vorne auf der Zungenspitze, doch dann schluckt Sabine. Sie hat Angst, die Dozentin zu verschrecken und möglicherweise ihre Freundschaft dadurch zu verlieren. Also beschließt sie, lieber still für sich zu leiden.

Dann lernt Sabine die junge Frau aus Leipzig näher kennen, die sie zu Anfang ihres Studiums ziemlich „bekloppt" fand und mittlerweile, da sie sich in der Großstadt eingelebt hat, gar nicht mehr so abwegig findet. Und Jutta ist offenbar der Meinung, daß das Landei sich ganz passabel entwickelt hat. Die beiden schließen Freundschaft, diskutieren nächtelang. Auch Jutta sieht die dunklen Ringe unter Sabines Augen. Und eines Abends fragt sie nach. Und bekommt die abstrakte Geschichte von der unglücklichen Liebe serviert. Jutta schaut Sabine genau in die Augen. „Du bist in eine Frau verliebt, stimmt's?" Sabine hält die Luft an. Und hat das Gefühl, ihr fällt ein Ziegel auf den Kopf. Aber sie nickt. „Du bist in Frau Dr. Maier verliebt, stimmt's?" Plötzlich ist es ausgesprochen. In diesem Moment denkt Sabine zum ersten Mal das Wort *lesbisch*. Dann schießen ihr die Tränen in die Augen. Weinend vor Schmerz und Erleichterung bricht sie bei ihrer Freundin zusammen.

Diese beginnt plötzlich, mit Sabine zu flirten. Und freut sich sichtlich über das Begehren, das sie in Sabine weckt. Das verlagert sich eigentlich nur. Von der Dozentin, von der Sabine nur zu genau weiß, daß sie bei ihr keine Chance hat, auf die Freundin, die ihr immerhin kleine Offerten macht. Doch immer wenn Sabine darauf eingeht, macht Jutta einen Rückzieher. Das Spielchen spielen sie eine ganze Weile. Sabines Verlangen, endlich das auszuleben, wonach sie sich mittlerweile seit zwei Jahren sehnt, wird immer übermächtiger.

Manchmal hat sie das Gefühl, zu ersticken. Außer Jutta, die ihre Anziehungskraft an Sabine ausprobiert, weiß niemand von ihrem Gefühlschaos. Denn das Thema lesbische Liebe ist keines. Sabine weiß, daß über solche Gefühle und Beziehungen nur hinter vorgehaltener Hand getuschelt wird. Das Wort *schwul* kennt sie von wodkaseeligen Familienfeiern. Es taugt immer für einen bösartigen Herrenwitz. Sabine hat Angst vor ihren eigenen Empfindungen. Sie schläft mit noch einer ganzen Reihe von

Männern. Und duscht hinterher immer länger. Die Verlobung mit Boris hat sie bereits gelöst. Den wahren Grund verschweigt sie. Selbst Petra, ihre beste Freundin aus dem Wohnheim, die sich mittlerweile auch Sorgen um Sabine macht, kriegt nichts aus ihr raus. Bis zu dem Abend, als sie gemeinsam bei Sabine im Zimmer sitzen und eine Flasche Rotwein leeren. „Mensch", sagt die Freundin, die auch nur die abstrakte Erklärung mit der unglücklichen Liebe kennt, „was zum Teufel ist denn nun wirklich los mit dir? Du siehst aus wie ausgekotzt." Sabine schluckt und denkt an das Märchen von Rumpelstilzchen. Wenn es erst mal ausgesprochen ist, ist es nicht mehr so bedrohlich. Die Wörter rasen ihr durch den Kopf, schlagen dort muntere kleine Pirouetten, ein ums andere Mal. Sie merkt, wie sie feuchte Hände bekommt, wie die Ohren heiß glühen. Dann erzählt sie ihrer Freundin alles. Und Petra ist entsetzt. So etwas sei völlig unnatürlich. Das könne sie beim besten Willen nicht akzeptieren. Als Petra schließlich geht, ist Sabine sich sicher, ihre beste Freundin verloren zu haben. Nun fühlt sie sich endgültig elend und in ihrem Verdacht bestätigt, daß ihre Empfindungen tatsächlich monströs sind.

Am nächsten Tag kommt Petra zu ihr herüber. „Weißt du, ich mag dich als Mensch, und du bist meine Freundin. Ich krieg' das schon klar." Daß Sabine in Petra wirklich eine Freundin hat, merkt sie spätestens an dem Tag, als sie auf dem „Fest der deutschen Sprache" eine Rede halten soll. Nachdem ihre Ansprache in der Vorauswahl unter allen Einsendungen angenommen worden ist, sitzt Sabine Tage und Nächte daran, feilt, schreibt um, schickt Auszüge an ihre Dozentin, diskutiert diese, feilt erneut, geht zur Sprecherzieherin, um den Vortrag zu üben. Sabine will nur eines: die Anerkennung von Dr. Maier. Denn auch wenn sie jetzt manchmal an Jutta denkt, ändert das nichts an ihren Gefühlen für die Dozentin. Immer wieder malt sie sich aus, wie Dr. Maier im Publikum sitzen und von der Rede beeindruckt sein wird. Dann setzt Sabine sich noch einmal hin, überarbeitet den Text ein weiteres Mal.

Als sie am großen Tag nachmittags noch einmal ins Wohnheim will und an der Straßenbahnhaltestelle steht, begegnet sie ihrer Dozentin. Ganz beiläufig erwähnt diese, daß sie am Abend eine Sitzung habe und deshalb nicht zum Festakt kommen könne. Als Frau Dr. Maier schon längst gegangen ist, steht Sabine noch immer an der Haltestelle, unfähig, auch nur einen Schritt zu tun. Dann setzt sie sich völlig mechanisch in Bewegung. Und ist sich sicher, daß sie diese Rede nicht halten und sich statt dessen betrinken wird. Zielstrebig steuert sie die Kaufhalle an. Doch auf der sitzt ein Schutzengel. Just an diesem Tag ist Inventur, und außer Brot und Milch wird nichts verkauft. Sabine stolpert weiter zum Wohnheim. Alles sinnlos, denkt sie, alles sinnlos. Ihre Freundin Petra ist nicht da. Sie schreibt ihr einen Zettel. „Bitte komm sofort zu mir rüber und bring was zu trinken mit." Als Petra wenig später ihr Zimmer betritt, liegt Sabine völlig apathisch auf dem Bett. Petra muß sie einige Male schütteln, bis sie die ersten Worte aus ihr herauskriegt. „Gib mir was zu trinken!" Doch die Freundin zieht nur die Augenbrauen hoch. „Du spinnst wohl!" Dann erfährt sie die ganze Geschichte, mühsam hervorgeschluchzt. „So ein Mist!" sagt sie ein paarmal, doch dann hat sie eine Idee. Schließlich ist Petra in derselben Kulturbund-Gruppe wie Dr. Maier. Also ruft sie diese an. Sabine lauscht atemlos. „Du, ich ruf' an wegen der Sitzung heute abend. Ich geh' da sowieso hin, da brauchst du doch gar nicht zu kommen, wir müssen doch nicht beide dort sein. Geh du doch heute abend ruhig zu dem Fest." Für ein paar Sekunden hat Sabine das Gefühl, unter der Anspannung zu zerbrechen. Dann grinst die beste Freundin beruhigend und legt den Hörer auf. „Sie wird kommen!"

Erst als Sabine den Festsaal betritt, wird ihr klar, daß da neben ihrer Dozentin noch ein paar hundert Leute sind. Ach du

Scheiße, denkt sie, bevor sie anfängt. Die Rede kann sie mittlerweile komplett auswendig. Sie registriert, daß es im Saal so still ist, daß sie eine Stecknadel würde fallen hören. Anschließend gibt es tosenden Applaus. Doch das ist ihr in dem Moment nicht wichtig. Sie sucht allein Dr. Maiers Blick. Die nickt ihr kurz zu, um sich dann mit Kolleginnen zu unterhalten. Und während andere Leute sie noch für ihre Rede loben, macht sich in Sabine Enttäuschung breit. Zum Glück gibt es Petra, mit der sie sich anschließend im Studentenclub ordentlich betrinken kann. Am nächsten Tag trifft sie Dr. Maier zufällig an der Uni. „Deine Rede war der Höhepunkt des Festes", sagt diese. Und Sabine schwebt den Gang entlang, ungeachtet des schweren Schädels, der noch vom Besäufnis des Vortags brummt.

Auch mit Jutta gibt es erste Fortschritte. Doch erst einmal gibt es einen Anschiß. Denn wieder einmal ist Sabine auf das Geflirte der Freundin eingegangen und macht ihrerseits verbale Angebote. Und plötzlich brüllt Jutta sie an: „Laß mich gefälligst in Ruhe! Ich will das nicht!" Wenigstens endlich ein klares Wort, denkt Sabine. Mit hängenden Schultern bleibt sie an Juttas Teetisch sitzen und sagt erst einmal gar nichts. Bis Jutta plötzlich zu ihr herüberrutscht, ihre Hand nimmt, sie auf ihre Brust legt und Sabine zaghaft küßt.

„Wir haben uns die ersten Nächte nur sehr vorsichtig berührt. Ich hab' gedacht, ich dreh' ab vor Begeisterung. Da wußte ich, alles, was du vorher erlebt hast, kannst du unter Ulk verbuchen. Für alles, was sich da angestaut hatte an Lust und Geilheit und Sehnsucht, gab es plötzlich eine reale Möglichkeit. Allein diese Frau anzufassen, diese Spannung zu spüren, die zwischen uns da war, das war Wahnsinn. Die ganze Situation war viel erotischer, das war auf einmal eine gemeinsame Frequenz, was ich bei einem Mann nie hatte. Bei 'nem Mann würde ich es höchstens als losgelöste Geilheit bezeichnen, aber nicht das Gefühl, daß man in einer gemeinsamen Schwingung drin ist. Irgendwann allerdings wurde mir klar, daß immer nur ich sie anfaßte und sie selbst gar nichts machte. Das wurde dann problematisch, weil ich ja auch Wünsche hatte."

Das Problem währt zwei Jahre lang. Jutta, die erst einmal generell Angst vor Sexualität hat, genießt es, von Sabine mit äußerster Behutsamkeit umworben und erobert zu werden. Sie genießt es, mit der Freundin zusammenzusein. Aber sie ist nicht lesbisch. Sagt sie zumindest – am liebsten in solchen Situationen, in denen es besonders schön ist. „Wenn ich den richtigen Mann treffe, bin ich weg", knallt sie Sabine an den Kopf. Diese kann das nicht glauben. Schließlich spürt sie doch, was zwischen ihnen ist.

Dr. Maier ist für sie mittlerweile in etwas weitere Ferne gerückt. Das hängt auch damit zusammen, daß Sabine jetzt ihr praktisches Jahr in einer Dorfschule macht. Morgens um vier steht sie auf, um mit dem Zug von Leipzig aus zur Arbeit zu fahren. Denn abends will sie mit Jutta zusammen sein, mit der sie inzwischen in einem Abbruchhaus lebt. Denn in Leipzig ist Umbruchstimmung. Und dazu gehört auch, daß junge Leute, die anders leben wollen als die breiten Massen, in leerstehende Altbauwohnungen einziehen und diese auf eigene Faust bewohnbar machen. Hier in der zugigen Altbaubude, mit der Kerze auf dem Fensterbrett und dem Glas Rotwein in der Hand, hat Sabine das Gefühl, ihrer Vorstellung vom kleinbürgerfreien Leben schon ein gewaltiges Stück näher gerückt zu sein.

Als Sabine schließlich ihre erste richtige Stelle als Lehrerin hat, wird das Rumoren im Land immer lauter. Wieder ist sie auf dem Dorf gelandet, ist plötzlich Klassenlehrerin einer fünften Klasse. Sabine liebt ihre Arbeit, aber sie haßt die dörfliche Enge, sehnt sich nach dem libertären Leben in Leipzig. Von der politischen Stimmung bekommt sie erst gar nicht so viel mit, dazu ist sie zu sehr mit sich selbst beschäftigt. Bis plötzlich die ersten Leute über Ungarn abhauen. Und die Montagsdemos in Leipzig beginnen. Zu Beginn des nächsten Schuljahres hält der Direktor eine Rede. Rund ein Drittel von Sabines Kindern kommen nicht mehr zum Unterricht. Sie sind mittlerweile im Westen. Um die sei es nicht weiter schade, sagt der Direktor. Da merkt Sabine, daß in ihr die Wut hochkommt. Sie findet schon, daß es um jeden, der geht, schade ist. Und sie findet, daß der real existierende Sozialismus, an dem sie grundsätzlich keine Zweifel hat, dringend reformbedürftig ist. Auch sie will jetzt an den Demos teilnehmen. Allerdings wird sie gemeinsam mit anderen bereits in Leuna von Einsatzkräften aus dem Zug geholt und aufs Land zurückgeschickt. Als sie wieder einmal in Leipzig ist, trifft sie auf eine Gruppe von Polizisten in Kampfanzügen, bewehrt mit Helmen, Schildern und Schlagstöcken. Die Polizisten haben Räumpanzer dabei und Wasserwerfer. Sabine kennt solche Bilder. Allerdings nur aus dem Westfernsehen. Sie macht sich fast in die Hosen vor Angst, dann rennt sie, was die Beine hergeben.

Aus der Stadt bringt sie den Aufruf des Neuen Forums, runde Tische zu bilden, mit in die Schule und heftet ihn ans schwarze Brett ins Lehrerzimmer. Der Direktor schäumt, aber das Kollegium steht hinter Sabine. Beinahe täglich diskutieren sie jetzt in den Pausen die Zukunft des Sozialismus und wie dieser aussehen müßte, um überleben zu können. Eine Antwort auf diese Frage finden sie nicht. Eines Tages sitzt dann eine Abordnung der Pädagogischen Hochschule Leipzig in Sabines Unterricht. Den ganzen Tag über begutachten sie ihre Arbeit. Dann machen sie ihr ein Angebot. Da auch etliche der Lehrkräfte der PH in den Westen geflohen seien, gäbe es einige freie Stellen. Sabine könne als Doktorandin an die Hochschule zurückkommen. Zurück nach Leipzig, endlich! Aber dann denkt Sabine an die Kinder, für die sie sich verantwortlich fühlt. Mit einer der Mütter bespricht sie ihr Dilemma. Die zuckt nur mit den Achseln. „Wenn die Kinder die zehnte Klasse beendet haben, drehen sie sich noch einmal um, sagen tschüs, und das war's. Du aber hast dann eine Chance verpaßt." Die Klasse bringt Sabine zum Zug. Vollbepackt mit Geschenken verläßt sie das Dorf.

An der Hochschule ist sie Dr. Maier wieder näher. Als diese krank wird, übernimmt Sabine ihre Seminare. Auch mit Jutta ist sie jetzt wieder zusammen. Bis diese schließlich doch einen Mann kennenlernt und mit ihm im Nebenzimmer vögelt. Sabine kann alles mit anhören. Sie rennt aus der Wohnung, läuft stundenlang durch Leipzig und beschließt, daß das so nicht weitergehen kann und daß sie endlich richtige Lesben kennenlernen muß, die auch dazu stehen können. Also besucht sie das lesbisch-schwule Zentrum, das bereits Mitte der achtziger Jahre als erster offizieller Treffpunkt für Homosexuelle in der DDR gegründet wurde. An dem Abend sind aber hauptsächlich Männer dort. Und die wenigen Frauen stehen in einem Grüppchen zusammen und würdigen Sabine keines Blickes. Sie traut sich nicht, die fremden Frauen anzusprechen, und schleicht statt dessen entmutigt nach Hause.

Am nächsten Tag durchsucht sie das Veranstaltungsmagazin, das es jetzt, kurz nach der Maueröffnung, in Leipzig gibt. Da erfährt sie, daß es mittlerweile ein Frauenkulturzentrum gibt und hin und wieder Frauenschwof.

„Ich hab' gedacht, na, auch wenn da Frauen steht, sind da bestimmt auch Lesben. Ich war vorher völlig aufgeregt, unsicher, vor allem aber neugierig. Und dann waren da unheimlich viele Frauen, hundert vielleicht und bestimmt neunzig Prozent von ihnen Lesben. Da war plötzlich das ganze Spektrum, KVs und Femmes, Frauen aus verschiedenen Altersgruppen, schwarze Frauen, vietnamesische Frauen, ganz viele spannende Frauen. Ich hab' nur gedacht: Gott sei Dank, jetzt hast du sie gefunden! Ich hab' erst mal am Rand gestanden und alles in mich aufgesaugt. Das war eine Stimmung! Das war sowieso hier nach der Wende eine Wahnsinnsstimmung. Zweihundert bis dreihundert Frauen, die in dieser Stadt eine Frauenbewegung aufbauen wollten. Das war eine totale Euphorie. Und so war auch das Fest. Ich bin dann richtig über mich hinausgeschossen und hab' eine Frau angesprochen, die mir gefiel. Für mich war das ein richtiger Befreiungsschlag."

Direkt nach dem Fest trennt Sabine sich schlagartig von ihrer nicht-lesbischen Freundin. Jutta ist reichlich schockiert, aber Sabine ist jetzt klar, wie sehr sie die Hängepartie satt hat. Statt dessen trifft sie sich mit Regina, der Frau vom Fest. Die ist fest integriert in die Leipziger Lesbenszene und hat keine Zweifel an ihrer sexuellen Identität. Gemeinsam engagieren sich die beiden in verschiedenen Frauen- und Lesbenprojekten. Es herrscht Goldgräberstimmung in Leipzigs alternativer Szene. Und es fließt Geld aus Bundes- und Landesmitteln. Da keine der zuständigen Behörden Ahnung hat, nach welchen Richtlinien die Gelder zu verteilen sind, wird reichlich gegeben. Auch die Frauen nehmen an diesem Segen teil. Sie gründen verschiedene Treffpunkte und Vereine. Auch Sabine, die gern organisiert, stürzt sich in die Arbeit. Und zum ersten Mal hat sie das Gefühl, dort etwas aufzubauen, wo sie wirklich hingehört.

Derweil wird die Pädagogische Hochschule dichtgemacht, und Sabine verliert ihre Arbeit. Mit einer ABM-Stelle hält sie sich eine Weile über Wasser. Obwohl sie nicht mehr an der Uni ist, trifft sie sich hin und wieder mit Dr. Maier. Doch ihr Verhältnis wird immer komplizierter. Denn Dr. Maier kann beim besten Willen nicht verstehen, was Sabine plötzlich mit dem ganzen Frauenkram zu schaffen hat. Sie hält die Gleichstellung der Geschlechter schon lange für gegeben. Als Sabine dann auch noch anfängt, sich mit geschlechtsspezifischer Sprache zu beschäftigen, wird Dr. Maier endgültig sauer. „Das ist doch totaler Humbug!" Trotz ihrer Irritation lädt sie Sabine ein, mit ihr ein Wochenende auf ihrer Datsche zu verbringen. Und Sabine beschließt, die Gelegenheit zu nutzen, um der Dozentin reinen Wein einzuschenken. Sie spekuliert darauf, daß Dr. Maier verstehen wird, warum Sabine sich so intensiv mit Frauen beschäftigt, wenn sie erst einmal weiß, daß ihre ehemalige Studentin lesbisch ist.

Der erste Abend wird gemütlich. Sie trinken Wein und reden miteinander, wie in alten Zeiten. Trotzdem rutscht Sabine ein wenig nervös auf dem Stuhl hin und her. Jetzt oder nie! „Wissen Sie eigentlich, in wen ich damals so unglücklich verliebt war?" Dr. Maier schüttelt erstaunt den Kopf. „In Sie!" Die Bombe ist gefallen. Für einen Moment ist es ganz still. Dann steht Dr. Maier plötzlich auf. Sie ist hochrot im Gesicht und ihre Augen quellen leicht hervor. Das war's dann wohl, denkt Sabine. Da tritt Dr. Maier auf sie zu und nimmt sie in den Arm. „Du Ärmste, ich hab' ja nichts geahnt. Was muß ich die ganze Zeit auf deinen Gefühlen rumgetreten sein. Verzeih mir!" Vor lauter Rührung muß Sabine heulen, und auch Dr. Maier kommen die Tränen. Sie weinen eine Runde gemeinsam, reden dann noch eine Weile, bevor sie zu Bett gehen.

Am nächsten Morgen weckt Dr. Maier Sabine zum Frühstück. Und will jetzt alles über Lesben wissen. Denn sie kennt noch keine und hat sich nie mit dem Thema beschäftigt. Aber natürlich möchte sie Sabine verstehen können. Und obwohl Sabine mittlerweile nicht mehr erklären könnte, warum sie diese Frau jemals so begehrt hat, ist ihr doch völlig klar, warum sie sie nach wie vor verehrt.

Daß auch ihre Eltern Bescheid wissen, ist Sabine erst einmal gar nicht so wichtig. Sie hat das Gefühl, sich weit von deren Leben und Denken entfernt zu haben. Trotzdem nimmt sie Regina bei einem ihrer Besuche mit. Die beiden platzen mitten ins elternhäusliche Chaos. Denn just am zweiten Abend ihres Besuches überführt die Mutter ihren Gatten beim Fremdgehen. Daß jemand nach langjähriger Ehe fremdgeht, kann Sabine durchaus verstehen. Schockiert ist sie von der Reaktion ihres Vaters. „Ihr seid mir alle scheißegal!" brüllt dieser in die Runde und geht.

Von einem Moment auf den anderen schrumpft der Held aus Sabines Kindheit auf Arschgröße zusammen. Am nächsten Tag schickt sie ihre Freundin nach Hause. Sie selbst bleibt bei der Mutter, die völlig am Boden zerstört ist. Auch wenn sie keine sonderlich innigen Gefühle für ihre eher kühle Mutter hegt – Sabine fühlt sich verantwortlich. Die Mutter heult und redet, heult und redet, tagelang. Bei einem ihrer abendlichen Gespräche, die Mutter liegt wieder einmal völlig verweint auf dem Sofa, kommt Sabine der Gedanke, es in dieser Situation der Mutter zu sagen. Denn, so überlegt Sabine, jetzt ist die Mutter dermaßen mit sich selbst beschäftigt, daß sie sich gar keine großen Gedanken mehr über ihre Tochter machen kann. Der Plan geht auf, die Mutter reagiert ruhig. „Das hab' ich mir schon gedacht. Das Verhältnis zwischen dir und deiner Freundin ist ja doch sehr innig." Erst später merkt Sabine, daß diese Reaktion kein Ausdruck von Akzeptanz war. Im Gegenteil, ihre Mutter nimmt sie bis heute nicht ernst. Nach mehr als zehn Jahren hängt sie noch immer der „Phasentheorie" an. Noch immer glaubt sie, daß Sabines Neigung zu Frauen nur ein Intermezzo ist, das irgendwann von selbst endet, wenn nur der „Richtige" in ihr Leben tritt.

„Na, hast du dort nicht mal einen netten jungen Mann kennengelernt?" fragt sie am Telefon, nachdem Sabine von ihrer Arbeit erzählt hat. Einmal hat sie das zu hören bekommen, zweimal, immer wieder. Mittlerweile kriegt Sabine eine Stinkwut, wenn der Spruch wieder kommt. „Wenn du nicht willst, daß ich gleich auflege, dann rede ordentlich mit mir. Ich kann diesen Mist nicht mehr ertragen!" Die Mutter läßt die Sache mit dem jungen Mann fallen. Aber er bleibt ihr im Kopf hängen und wird bei Gelegenheit wieder ausgepackt.

Der Vater, mittlerweile wieder unglücklich mit der Mutter vereint und von dieser über Sabines Entscheidung informiert, sagt lieber gar nichts zu diesem Thema. Aber mit ihm hat sich Sabine ohnehin nicht mehr allzuviel zu sagen.

Sabine blickt auf die Ehe ihrer Eltern und sieht ein einziges Grauen. Sie betrachtet die Ehe ihrer großen Schwester und sieht ein einziges Grauen. Die beiden Schwestern begutachten Sabines häufiger wechselnde Partnerschaften und können das nicht verstehen. Die kleine Schwester, mittlerweile verheiratet und Mutter eines Kindes, geht gern mit in die schwul-lesbische Disco, wenn sie Sabine in Leipzig besucht. Und sie findet Regina sehr sympathisch. Deshalb beschwert sie sich, als Annette an Sabines Seite auftaucht. Ein bißchen mehr Beständigkeit müßte sein, findet sie.

„Die verstehen nicht, daß ich nicht in zwanzig, dreißig Jahren denke. Die denken, ich bin mit Frauen zusammen so wie sie mit Männern. Sicher gibt es das auch, daß sich beide Frauen so entwickeln, daß sie zusammenbleiben können. Das ist doch meist eine Frage von Entwicklung, daß es irgendwann nicht mehr geht. Daß eine stehenbleibt und die andere weitergeht. Ich würde mir jetzt schon wünschen, daß das so ist, aber davon mache ich das eben auch abhängig. Ich muß keine Beziehung weiterführen, die nur noch zu Haß und Achtungsverlust führt. Da muß dann Schluß sein. Ich sehe die lesbische Beziehung als großes Potential an. Ich denke mir, jetzt bist du einmal außerhalb der Norm, da kannst du es auch richtig sein, da brauchst du nicht irgendwas zu imitieren. Du mußt dich sowieso überall erklären, damit du anerkannt wirst, da kannst du auch Strukturen überdenken und neue Formen ausprobieren."

Auf dem Dorf gibt es ein Tanzfest mit großem Zelt und Blaskapelle. Auf dem Dorf lebt die große Schwester. Sie hat einen Mann, an dem sie vorbeilebt. Die beiden reden nur noch das Nötigste miteinander. Alles andere bespricht sie mit ihrer besten Freundin. Deren Mann säuft und läuft auch nur noch unter ferner liefen. Die große Schwester hat Sabine und Annette zum Dorffest eingeladen. Am Tresen stehen die Männer und lassen sich kollektiv volllaufen. Am anderen Ende des Zeltes stecken die Frauen die Köpfe zusammen. Auch sie sind zum Teil reichlich angeheitert. Sabine und Annette verhalten sich so dezent wie möglich. Sie fassen sich nicht an, küssen sich nicht. Trotzdem fallen sie mit ihren Lederjacken und ihren kurzen Haaren deutlich aus dem Rahmen. Ein paar Augenpaare richten sich auf sie. „Ihr habt es richtig gemacht, ihr laßt euch nicht von diesen Scheißtypen tyrannisieren." Eine Frau mit Glitzersteinchen auf dem T-Shirt und Dauerwelle. Einige andere Frauen nicken. Sabine glaubt Augen und Ohren nicht zu trauen. Ihre Schwester beugt sich vertrauensvoll zu ihr. „Weißt du, eigentlich bin ich ja auch ein Stück lesbisch." Sabine guckt zu der besten Freundin ihrer Schwester hinüber, einer gestandenen Bäuerin, schaut ihre Schwester an und dann hinüber zu den Rittern der traurigen Gestalt, die die Bar bevölkern. Und findet eigentlich, daß ihre Schwester da eine richtig gute Idee ausgesprochen hat. Sie verkneift sich jedoch jeglichen Kommentar.

Für Sabine ist klar, daß sie selbst sich nie wieder auf einen Mann einlassen wird. Zumindest nicht sexuell. Als Freunde sind ihr Männer mittlerweile wieder willkommen. Als Kollegen schätzt sie sie manchmal sogar mehr als Frauen. Daß sie mit Männern gut auskommt, ist auch nötig. Denn Sabine betreibt gemeinsam mit drei heterosexuellen Männern eine Werbeagentur. Dort ist sie gelandet, nachdem die ursprüngliche Berufsperspektive einer wissenschaftlichen Laufbahn von den Entwicklungen der Wendezeit überrollt und zerstört wurde. Sabine hat Glück im Unglück. Noch während ihrer ABM-Zeit in einem Frauenprojekt trifft sie per Zufall zwei ihrer alten Studienfreunde. Diese haben sich mittlerweile gemeinsam mit einem Grafiker selbständig gemacht und eine Werbeagentur gegründet. Was sie über ihre Arbeit erzählen, interessiert Sabine. Also verabredet sie, mal vorbeizuschauen. Und schließlich nutzt sie ihre ABM-Zeit, um sich einen Tag in der Woche in die Arbeit der Agentur hineinzufinden und sich einen eigenen Bereich zu erschließen. Nach der ABM-Phase ist ihr klar: den Job will ich. Und ihre Kollegen sind einverstanden. Also besorgt Sabine sich für ein Jahr Überbrückungsgeld für Existenzgründer und steigt als Teilhaberin ein. Was das bedeutet, wird ihr erst im Laufe der Zeit so richtig klar: chronisch leere Kassen, nicht weil die Auftragslage so dünn ist, sondern weil die Zahlungsmoral so schlecht ist. Manchmal hat Sabine des Nachts Alpträume von all den Außenständen, die sie und ihre Kollegen dringend mal eintreiben müßten. Dann wieder ist sie stolz darauf, den Werbeagenturen aus Westdeutschland mehr und mehr auch dickere Fische wegzufangen. Und diese Freude wiegt für sie deutlich mehr als alle Existenzängste. Das liegt nicht zuletzt daran, daß Sabine und ihre Kollegen zu einem guten Team zusammengewachsen sind.

„Als ich mein Coming-out hatte, hab' ich Männer weitestgehend aus meinem Leben rausgehalten. Da wollte ich eine Zeitlang nur mit und für Frauen arbeiten. Ich denke, diese radikale Abgrenzung braucht man auch erst mal. Wenn du dann positioniert bist und weißt, wer du bist und wie du leben willst, da kannst du weitergucken. Ich hab' festgestellt, daß die Arbeit mit den Männern wiederum eine Erweiterung für mich ist. Einfach auch mitzukriegen, wie die handeln und denken. Ich höre mir mittlerweile durchaus auch mal 'ne Sicht von einem Mann zu einer bestimmten Sache an. Das ist ganz interessant. Und meine Männer, wie ich meine Kollegen immer nenne, haben zu mir auch schon gesagt, daß ich ihren Horizont erweitere. Die denken jetzt auch mehr über das Verhältnis der Geschlechter nach. Ich kann mit Männern eigentlich ziemlich gut arbeiten. Da fällt halt dieses ‚Wie wirke ich als Frau auf sie?' völlig weg. Das ist mir piepegal. Es gibt ein paar Männer, mit denen pflege ich einen durchaus liebevollen Umgang, die nehme ich auch mal in den Arm oder so. Aber ich finde sie halt komplett unerotisch. Das wissen meine Männer und verhalten sich entsprechend. Mit

Frauen zu arbeiten ist manchmal sogar schwieriger. Viele Frauen sind nicht in der Lage zu sagen, ‚das ist die Arbeit, und hier haben wir gemeinsame Ziele, die wir zusammen verfolgen, egal ob wir uns leiden können oder nicht'. Da muß dann unbedingt die zwischenmenschliche Ebene stimmen. Ich begreife nie warum. Man muß sich ja nicht nach Feierabend hätscheln. Mit Männern ist der Umgang da einfach sachlicher."

Dazu trägt nicht selten Sabines Verhalten bei. Denn obwohl sie mittlerweile selbstverständlich wieder ihr eigenes Motorrad fährt und sich ein Stück weit von den Dominanzansprüchen der Männer befreit hat, findet sie sich manchmal in der alten Rolle der Ausgleichenden und Harmonisierenden wieder. Sie ist gefragt, wenn es innerhalb des Teams zu Reibereien kommt oder zwischen einem Kollegen und einem schwierigen Kunden vermittelt werden muß. Und sie erfüllt diese Aufgabe, die Frauen in gemischten Gruppen immer wieder zugewiesen wird. Manchmal ärgert sie sich darüber, aber meistens betrachtet sie die Fähigkeit, einvernehmliche Lösungen zu finden, als Qualität. Und sie stellt zunehmend fest, daß sie über bestimmte Verhaltensweisen ihrer männlichen Bekannten, über die sie sich vor Jahren noch heftig geärgert hätte, mittlerweile nur noch milde lächeln kann. Denn vieles betrifft sie nicht mehr, wie zum Beispiel der Hang dieser Bekannten, ihren ebenfalls berufstätigen Frauen großzügig den Löwenanteil der Hausarbeit und anderer organisatorischer Aufgaben zu überlassen. Da ist der Freund, der gemeinsam mit seiner Frau umzieht, sich dann aber nicht in der Lage sieht, neben seiner Arbeit zu Hause mit anzufassen. Er steht so lange systematisch im Weg, bis seine Frau ihn wegschickt und eine Freundin zu Hilfe ruft, mit der sie die Arbeit bewältigt. Sabine staunt. Und das tut sie häufiger, wenn sie Einblick in den heterosexuellen Alltag ihrer Mitmenschen nimmt. Warum die Frauen sich auf derartige Regelungen einlassen, ist ihr ein Rätsel.

„Ich mach' sehr oft drei Kreuze, daß ich keinen Mann habe. Männer sind oft so unfähig, sich um ganz einfache Dinge zu kümmern. Und dann dieses „Jetzt bin ich hier mit meinen Gefühlen, da müßt ihr drauf Rücksicht nehmen', das nervt mich bei Männern. Frauen nehmen sich da mehr zurück. Was natürlich irgendwie auch Scheiße ist, daß sie oft nicht sagen, was sie eigentlich wollen."

Das wollen Sabine und Annette anders machen. Vor kurzem haben sie den Schritt gewagt, zusammenzuziehen. Sabine ist begeistert. „Alles, was ich von ihr bekomme oder was sie von mir bekommt, passiert freiwillig. Annette zerrt überhaupt nicht an mir rum. Ich freu' mich dann, wenn ich abends nach Hause komme, und sie erzählt mir von ihrem Arbeitstag und ich ihr von meinem. Und wenn mir nicht nach Reden ist, oder ihr nicht, ist es auch gut." Die gemeinsame Haushaltsführung beruht bisher ebenfalls auf Freiwilligkeit. Mal erkennt die eine den Stapel Bügelwäsche oder den Abwasch als ihre Aufgabe, mal die andere. Auch zu Hammer und Bohrmaschine greifen die beiden Frauen je nach Lust und Laune. Daß sie auch die handwerklichen Tätigkeiten lieber nicht den Männern überlassen sollten, lernen sie spätestens bei ihrem Einzug in die gemeinsame Wohnung. An diesem Tag sind mehrere Männer aus der Familie gekommen, um Sabine und Annette zu helfen. Als alle Möbel oben sind, schaut sich einer der Helfer in der Küche um und beschließt, daß man ja auch gleich die Einbauküche anbringen könne. Die beiden Frauen sind erfreut: Arbeit haben sie schließlich auch so noch genug. Doch dann tritt der freiwillige Handwerker an die Wand und klopft mit gewichtiger Miene dagegen. Dann schüttelt er den Kopf. „Das ist Gipskarton, da hält nichts." Der nächste Helfer tritt an die Wand, klopft ebenfalls mit ernstem Gesicht und schüttelt den Kopf. Nachdem auch der dritte geklopft hat, diskutieren die Männer, mit welchen komplizierten Aufhängkonstruktionen die Küche doch noch eingebaut werden könnte. Sabine und Annette fliehen derweil ins Nebenzimmer und packen schon mal die Kisten aus. Nach einer Stunde lebhaften Fachsimpelns verlassen die Männer unverrichteter Dinge die Wohnung. Da müsse man erst noch dieses und jenes Teil besorgen, lautet ihr Ratschlag. Sabine sträuben sich derweil die Nackenhaare. Am nächsten Tag greift sie zur Bohrmaschine und bohrt an einer verdeckten Stelle ein Probeloch: Und siehe da, hinter der Gipsschicht verbirgt sich eine ganz normale und überaus solide Steinwand. Der Einbau dauert ungefähr eine Stunde. Die beiden Frauen lachen noch, als die Tassen schon längst in den Schränken stehen.

„Ich wollte gehen, und dann läßt man was zurück!"

(Ulli, 47 Jahre)

Brave Mädchen mit geflochtenen Zöpfen und ordentlichen Kleidchen stehen oder sitzen auf den Treppen. Sie haben die Füße zusammengestellt, halten die Knie aneinandergedrückt. Ganz vorne in der Mitte sitzt Ulli. Auch sie trägt lange Zöpfe und ein hübsches Kleid. Aber sie hat die Beine so breit gespreizt, daß ihre Unterhose zu sehen ist. Ein trotzig-gelangweilter Blick, direkt in die Kamera. Gruppenfoto an der Porta Westfalica. Da ist Ulli zwölf Jahre alt.

Das Bild gehört heute zu ihren Lieblingsfotos. Mittlerweile ist Ulli siebenundvierzig, trägt die Haare kurz und dazu Jeans und Herrenhemd. „Alle Mädchen konnten damals ihre Beine so plazieren, wie es sich gehört", lacht sie, „nur ich sitze so ganz und gar undamenhaft da."

Der Landwehrkanal fließt überaus träge an diesem Vormittag. In regelmäßigen Abständen fahren Touristenschiffe vorbei. Dann winken die Fahrgäste, die aus Böblingen oder Dortmund, Cottbus oder Dessau hierher gekommen sind, um sich das wilde Kreuzberg anzuschauen. Doch das döst zur Zeit in der Mittagssonne. Eine junge Frau mit kahlrasiertem Schädel und Ringen in Augenbraue, Lippe und Nase macht sich einen Spaß und winkt lachend zurück.

Das Haus, in dem Ulli zur Zeit wohnt, hat sichtlich vom Konzept der behutsamen Stadterneuerung profitiert: eine renovierte Fassade und ein begrünter Hinterhof mit zahlreichen Fahrradständern. Auf den Balkonen im Vorderhaus blühen die Blumen um die Wette, daß selbst die Hausfrau aus Böblingen ihre helle Freude daran haben muß. Auf Ullis Balkon dominieren die Sonnenblumen. Ulli wohnt „bei einer Freundin oder auch meiner Freundin, das ist mal so, mal so", und hat eigentlich noch eine andere Wohnung, ebenfalls am Kanal, ebenfalls mit Hofbegrünung und Fahrradständern. Aber die hat sie an eine Freundin untervermietet. Die hatte gerade keine Unterkunft, und Ulli will sowieso mal ausprobieren, wie das ist, nicht mehr allein zu wohnen. Manchmal geht sie mit ihrer Mitbewohnerin, die auch noch andere Liebschaften hat, ins Bett. Das reicht Ulli: „Es gibt da vor mir noch eine Nummer 1, und ich bin jetzt vielleicht 1b, und damit bin ich zufrieden. Ich finde es äußerst beruhigend, daß nicht alles von mir erwartet wird." Ullis derzeitiges Reich ist klein, aufgeräumt und sparsam möbliert. Eine Freundin oder ihre Freundin hat vorsorglich eine Kanne Kaffee gekocht.

Ulli lacht viel an diesem Vormittag, und ihrem Gesicht ist abzulesen, daß sie auch sonst gern lacht. Und sie erinnert sich, auch an Details, die viele Jahre zurückliegen. Wie sie lieber Hosen getragen hätte, aber meist Röcke tragen mußte, weil sich das in den fünfziger Jahren auf dem Land noch so gehörte.

Als Kind will Ulli lieber ein Junge sein. „Jungs bekamen Anerkennung, wenn sie auf Bäume klettern konnten, Mädchen bekamen Ärger." Natürlich kann sie genausogut klettern und toben wie ihre Spielkameraden. Nur im Stehen pinkeln kann sie nicht. Deshalb übt sie heimlich. Sie verkriecht sich hinter die Scheunenwand, zieht ihre Hose ein wenig herunter, stützt sich mit einer Hand an der Holzwand ab und schiebt die Hüfte nach vorne. Dann versucht sie so zu zielen, daß Beine und Schlüpfer von dem Strahl verschont bleiben. Doch es will ihr nicht gelingen.

Erst einmal ist Ulli ein „Unfall". Die ersten drei Jahre wächst sie deshalb im Heim auf. Dann wird sie adoptiert. Die neuen Eltern sind schon reichlich alt, als sie Ulli zu sich nehmen. Denn vorher mußte gespart werden, für den Traum vom eigenen Hof, den sie Stück für Stück verwirklicht haben; erst das Haupthaus, dann hier ein Anbau, dort ein Stall, hier ein Feld, dort eine Wiese. Irgendwann reicht es zum Überleben. Ulli versteht bald etwas von Landwirtschaft. Abends nimmt der Vater sie mit zum Viehfüttern.

Wenn es warm genug ist, holt er sich hinterher eine Flasche Bier und setzt sich mit dem Kind für eine Stunde auf die Bank hinter dem Haus, wo die beiden auf den Wald schauen und sich gegenseitig Geschichten erzählen. Über ihnen kreisen die Schwalben und zwitschern um die Wette, diese eigenartige Melodie, die erst langsam beginnt, dann immer schneller wird und schließlich in einem kehlig schnarrenden Laut endet. Die Luft riecht leicht säuerlich, eine Mischung aus Kuhmist und frischgemähter Wiese, und die Hauswand ist noch ganz warm von der Sonne des Tages. Dem Vater fällt zu allem eine kleine Fabel ein, zu den Schwalben, den Kühen, den Feldern und den Mäusen, die dort leben. Ulli genießt es, sich dann an ihn zu kuscheln und ihm zuzuhören.

Viele Jahre später wird sie die Tradition des Geschichtenerfindens mit ihren eigenen Kindern fortsetzen. Und sie wird sich voll Zärtlichkeit an ihren Adoptivvater erinnern: „Verschmitzt war er und pfiffig, weise und humorvoll." Als Ulli längst erwachsen ist, bummelt sie mit ihren beiden Kindern und dem Vater über den Kurfürstendamm. Ganz steif steht er da, während Ullis Mann die Fotos macht, ein grobschrötiger westfälischer Bauer, der plötzlich nicht weiß wohin mit seinen großen Händen.

Doch erst einmal ist Ulli fünf Jahre alt und kommt stolz und glücklich mit einer Kröte im Spieleimer nach Hause. Sie hat das Tier im Graben, zwei Kilometer vom Haus entfernt, gefunden und ist wild entschlossen, es zu behalten. Der Vater aber ist mit der neuen Hofbewohnerin nicht einverstanden. Das Tier brauche Wasser, wendet er ein. „Sie bekommt eine Wanne", antwortet Ulli. Der Vater denkt nach. „Aber die Kröte muß sich doch auch unterhalten können. Du kannst ihr Quaken nicht verstehen, und sie kann dich nicht verstehen. Die Kröte wird sich einsam fühlen." Ulli überlegt und sieht ein, daß ihr Vater recht hat, auch wenn sie die Kröte noch so gern behalten würde. Sie nimmt den Eimer, obwohl sie schon müde vom Spielen ist, und läuft zum Graben, um das Tier wieder auszusetzen.

Die Welt der väterlichen Fabeln findet ihre Fortsetzung in der Zwergschule. Es dauert nicht lange, bis Ulli lesen lernt. In den Büchern eröffnet sich ihr eine ganz neue Welt. Noch immer kann sie sich an ihr erstes Buch erinnern. Es handelt von einem Jungen, der ein krankes Eichhörnchen findet und gesund pflegt. Im Frühling setzt er es wieder aus, weil ein Eichhörnchen frei sein muß. „Das war für mich wirkliche Liebe", sagt Ulli heute. „Ich glaube, der Junge war sehr einsam, und das war ich auch."

Oft verkriecht Ulli sich auf den Heuboden oder in den Wald, um zu lesen. Im Haus mag sie nicht sein, schon gar nicht in der Küche, wo es immer leicht nach saurer Milch riecht. Drinnen hat Ulli manchmal das Gefühl, nicht richtig durchatmen zu können. Ein Empfinden, das sie ihr Leben lang begleiten wird. Das Schlimmste aber ist, daß drinnen die Mutter lauert. Die schlägt Ulli, sobald sie das Kind beim Lesen erwischt. Und es gibt viele andere Anlässe, das Mädchen mit Ohrfeigen, Kochlöffel oder Fußtritten zu traktieren. Der Zusammenhang zwischen Vergehen und Strafe wird Ulli in den seltensten Fällen klar. Oft sitzt sie hinterher da und grübelt darüber nach, warum sie gerade wieder einmal so hart geschlagen wurde. Und kommt nicht drauf.

Die Hoffnung auf Zuneigung und Zärtlichkeit gibt Ulli bald auf. Auch wenn sie mit dem allerbesten Zeugnis, das je in der Zwergschule ausgegeben wurde, nach Hause eilt, auch wenn die Nachbarinnen sie als liebenswürdig und hilfsbereit loben – die Mutter hat für Ulli keine freundlichen Worte oder Gesten übrig.

„Meinen Vater habe ich geliebt. Meine Mutter hasse ich zutiefst, bis heute. Ich habe zu meiner Tochter gesagt: Wenn du irgendwelche Anzeichen bemerken solltest, daß ich so werde wie meine Mutter, sag es mir. Und wenn du mir eine Ohrfeige geben mußt, damit ich zuhöre."

Die Mutter lehnt Ulli ab, weil diese kein richtiges Mädchen ist. Wie häßlich sie im Kleid aussieht! Wie unpassend sie sich bewegt! Als leuchtendes Vorbild dient ein Nachbarskind, eines von den Mädchen, die auf Schulausflugsfotos die Beine richtig stellen. Ulli und die andere hassen sich. Das Nachbarskind kriegt zu Hause Schläge, weil sie nicht so gut in der Schule ist wie Ulli.

Als Ulli endlich klargeworden ist, daß sie von ihrer Mutter sowieso nur Ohrfeigen und Fußtritte zu erwarten hat und diese wenig mit ihrem tatsächlichen Verhalten zu tun haben, flieht sie, so oft sie kann. Nur weg von der Mutter. Manchmal hat sie Glück, und der Vater nimmt sie mit aufs Feld. Bereits mit dreizehn kann Ulli mit dem Trecker schnurgerade Furchen ziehen. So etwas zählt auf dem Land. Leider ist Ulli nur ein Mädchen, und sie weiß genau, wohin das Leben auf dem Bauernhof eine Frau führt: auf direktem Wege in die Küche, dem Ort, an dem Ulli für sich so gar keine Zukunft sieht. Auch die Nähmaschine ist nicht der Platz, den Ulli als ihre Bestimmung betrachtet. Trotzdem wird ihre Mutter sie zwingen, eine Schneiderlehre zu machen. Da kann sie dann später sich und ihren Kindern schöne Sachen nähen. Das spart Geld. Auch die weitere Zukunft ist bereits von den Eltern festgelegt worden. Der zweite Sohn eines Bauern soll ihr Mann werden, denn der erste bekommt den Hof, der zweite wird ausbezahlt und kann das Geld dann in den Hof seiner Frau, sprich Ulli, stecken. Ulli jedoch hat von ihrer Zukunft ganz andere Vorstellungen.

Als Kind träumt Ulli davon, Robin Hood zu sein oder eine andere Heldenfigur, die stark ist und edel und den Ton angibt. Sie übt diese Rolle schon einmal mit ihren Spielkameradinnen, die ihren vielfältigen Ideen bereitwillig folgen.

„Ich hab' schon mehr mit Mädchen gespielt, aber die haben dann meine Spiele gespielt. Ich hab' mir irgendwelche Phantasiespiele ausgedacht, und ich hatte dann die Rolle derjenigen, die die Kontrolle über alles hat. Mit Ulli zu spielen war interessant. Ulli fällt immer was ein. Bis vor ein paar Jahren war das auch in meinem Erwachsenenleben so."

Wirklich verstanden fühlt Ulli sich von ihren Spielkameradinnen trotzdem nicht. Sie haben auch wenig Interesse, mit Ulli über die Bücher zu diskutieren, die sie gerade gelesen hat. Und verstehen Ullis Sehnsucht nach etwas ganz anderem nicht.

Mit dreizehn haut Ulli das erste Mal von zu Hause ab. Sie will nach Berlin, der Stadt, die ihr in mehreren Büchern begegnet ist und die ihr in ihrem westfälischen Dorf wie ein großer Traum erscheint. Zwei Mal wird sie an der Grenze von der Polizei abgefangen und nach Hause gebracht. Beim dritten Mal sieht sie in Helmstedt die Sinnlosigkeit ihres Unterfangens selbst ein und kehrt um. Ulli hat noch keinen Reisepaß. Sie beschließt zu warten.

Mit siebzehn läuft sie nach zwei Jahren Schneiderlehre erneut weg. Diesmal trampt sie durch halb Europa, bettelt, läßt sich einladen. Als einzige Sicherheit hat sie ihr Postsparbuch dabei. Irgendwann landet sie in Tutzing, verdreckt, ausgehungert. Auf einem Bauernhof findet sie Arbeit. Kühe melken kann sie, füttern und ausmisten auch. Nach einer Woche zieht sie weiter. Sie will nach München, auf die Isarwiesen, wo sich die Gammler treffen, junge Leute wie sie, die die Nase voll haben von der Enge ihrer Elternhäuser.

Auf der Landstraße hält ein blauer VW-Käfer, darin eine stämmige mittelalte Frau im Pepita-Kostüm. „In meiner Erinnerung denke ich immer, sie hätte auch einen Pepita-Hut aufgehabt, aber das hatte sie gar nicht." Die Frau stellt viele Fragen, und Ulli fühlt sich geschmeichelt, daß sich eine solche Frau für sie interessiert. Später erfährt sie, daß Fragen zum Beruf der Frau gehört. Sie ist Journalistin. Kurz vor München fängt es an zu gewittern. Vom Himmel stürzen solche Wassermassen, daß die Frau anhalten muß. Es regnet auch noch, als sie in die Stadt hineinfahren. Kein gutes Wetter für die Isarauen. Ulli läßt sich von der Frau zu einem Kaffee einladen. Sie landen in einem einschlägigen Lokal, aber das merkt Ulli erst viel später. Als es immer noch regnet, lädt die Frau das Mädchen zu sich ein.

Für Ulli eröffnet sich eine neue Welt. Eine große Altbauwohnung mit Fenstern, die bis zum Boden reichen. Alles ist ein wenig wie im Film. Die Zimmer sind hell und freundlich, vor den Fenstern hängen Vorhänge aus weichen fließenden Stoffen, die sich leicht im Wind bewegen. Das Beeindruckendste aber sind die Regale: edles Kirschbaumholz und darin Bücher über Bücher bis zur Decke. Und dazu noch ein Klavier, mitten im Wohnzimmer! Ulli beschließt, daß sie so leben will wie diese Frau. Aus eigener Kraft ein solches Reich schaffen und Bücher um sich scharen, soviel sie will. Als die Frau ihr auch noch abends auf dem Klavier vorspielt, hat sie Ulli gewonnen. In dieser ersten Nacht landen sie gemeinsam in einem Bett, und Ulli entdeckt zum zweiten Mal an diesem Tag eine neue Dimension.

Es ist ihre erste sexuelle Erfahrung überhaupt. Ulli ist erstaunt, daß Liebe sich mehrmals hintereinander machen läßt, daß es wie ein Rausch sein kann, der viele Stunden dauert. Bisher hatte sie angenommen, daß „es" einmal gemacht und dann geschlafen wird. Angst hat sie nicht in dieser Nacht. Ein Wort für das, was sie tut, hat sie auch nicht. Aber noch heute kann sie sich daran erinnern, daß sie im Bett der fremden Frau die Lust „mit jeder Pore meines Körpers aufgesaugt" hat, bis sie „ganz satt und zufrieden" war. Ulli bleibt zehn Tage. Tagsüber, wenn die Frau zur Arbeit geht, macht Ulli sich über die Bücherregale her. Sie liest Klassiker: Maupassant, Goethe, dicke Bücher in Ledereinbänden, die sie wie Kostbarkeiten in den Händen hält. Nachts lernt Ulli die Spielarten lesbischer Sexualität kennen. Wirklich aktiv wird sie dabei nicht. Die Frau, die allabendlich ihr Pepita-Kostüm in die Ecke wirft und in Männerkleidung steigt, macht auch keine Anstalten, Ulli dazu zu bewegen.

Nach zehn Tagen geht Ulli, denn schließlich will sie ja zu den Gammlern auf die Isarauen. Vielleicht ist sie auch im Begriff, sich ernsthaft in die Frau zu verlieben, und läuft deshalb davon. Auf den Isarauen hält es sie nicht sehr lange. Den ganzen Tag auf dem Rasen rumhängen wird ihr schnell langweilig. Deshalb macht sie sich bald auf den Heimweg.

Zurück in ihrem Dorf sucht sie sich Arbeit in einer Druckerei. Männerarbeit. Sie ist stolz darauf, genausoviel Lohn zu bekommen wie ihre männlichen Kollegen. Und sie beginnt, einen jungen Mann zu umwerben. Er wird ihr Freund, aber er will nicht, was sie will: Sex. Außerdem arrangiert er sich nur allzugut mit den Werten ihrer Eltern. Sein bester Freund ist da anders. Er unterstützt Ulli in ihrer Rebellion, und auch er will Sex. Mit neunzehn ist Ulli schwanger. Sie will das Kind nicht. Abtreiben kann sie in Holland, aber die Kliniken dort nehmen den Eingriff nur vor, wenn sie eine Nachsorgebescheinigung eines Gynäkologen vorweisen kann. Vergeblich klappert Ulli fünf Frauenärzte ab, dann fügt sie sich in das Unvermeidliche und beginnt sich auf das Kind zu freuen. Sie träumt von einem Säugling mit roten Haaren und grünen Augen. Ihr Freund Lars will das Kind sowieso.

Lars paßt nicht in die Pläne der Eltern, denn seine Mutter – der Vater ist im Krieg gefallen – hat weder Hof noch Geld. Er ist kein Bauernsohn, sondern Anstreicher. Tagelang hört Ulli die Eltern in der Küche streiten. „So einer kommt mir nicht ins Haus!" schreit die Mutter. „Sie muß doch den nehmen, den sie will", erwidert der Vater. „Die Welt ändert sich nun mal." Doch die Mutter setzt sich durch. Als die Schwangerschaft nicht mehr zu verbergen ist, kommt die Mutter in Ullis Zimmer und schlägt sie und tritt auf sie ein. „Verschwinde von hier! Du bist genau so eine Hure wie deine Mutter!" brüllt sie das Mädchen an. Ulli hat vorsorglich bereits zwei Taschen mit ihren Habseligkeiten gepackt.

Sie zieht zu Lars. Als sie im fünften Monat schwanger ist, heiraten die beiden, auch kirchlich. Ulli will erst nicht. Bei der Formulierung „bis daß der Tod euch scheidet" wird ihr mulmig. Lars beruhigt sie: „Wir müssen das ja nicht so wörtlich nehmen." Beide wollen, daß das Kind getauft werden kann. So etwas ist wichtig im Dorf. Nach der Trauung trampen Ulli und Lars an die Ostsee, um dort ihre Flitterwochen zu verbringen.

Als Ulli schließlich ohne Komplikationen einen rothaarigen Jungen mit grünen Augen zur Welt bringt, ist das Glück perfekt. Weil sie und Lars sich nicht auf einen Namen für das Kind einigen können, legt sie diesen kurzerhand direkt nach der Geburt fest. Als Lars zu Besuch kommt, gibt es nichts mehr zu korrigieren. Er fügt sich, und schon bald ist klar, wer in der Familie das Zepter in der Hand hält. Daß Ulli und er sich die Hausarbeit teilen, ist für ihn selbstverständlich. Das ist auch notwendig, angesichts der Tatsache, daß Ulli sich ihre ganze Kindheit hindurch beharrlich und erfolgreich geweigert hat, kochen zu lernen. Lars dagegen, aufgewachsen in einem reinen Frauenhaushalt, ist es gewohnt, im Haus mitzuarbeiten. Auch für das Kind fühlt er sich von Anfang an verantwortlich. Mit der Begründung, daß er ja ohnehin um sechs Uhr aufstehen müsse, läßt er Ulli morgens ausschlafen und kümmert sich um den Jungen. Ohne zu murren, übernimmt er die Kinderbetreuung, wenn Ulli abends allein weggehen möchte. Ein eher untypischer Mann, wie Ulli wohlwollend feststellt.

„In den ersten acht Jahren meiner Ehe, wir waren ja zwölf Jahre zusammen, habe ich mich zum ersten Mal in meinem Leben geborgen gefühlt. Das habe ich so auch danach nie wieder erlebt. Das war die entspannteste Zeit in meinem Leben. Ich hatte keinen Kleinkrieg wie mit meiner Mutter, ich hatte einen charmanten, witzigen Ehemann an meiner Seite. Und seine Familie hat mich sehr liebevoll aufgenommen. Ich hatte festgelegte Bereiche und Aufgaben, es war aber nicht schlimm, wenn ich die mal nicht schaffte, da ist dann Lars ganz selbstverständlich eingesprungen. Ich glaube, gerade diese festen Strukturen haben mir Sicherheit gegeben. Später in den lesbischen Beziehungen gab es die nicht. Das ist ein Wahnsinns-Freiraum, aber auch harte Arbeit, ihn zu füllen. Daher habe ich mich da auch seltener geborgen gefühlt."

Als Patrick 1970 anderthalb Jahre alt ist, verliebt sich Ulli in die Kinderärztin. Sie nutzt jedes kleine Wehwehchen des Sohnes, um die Frau zu sehen. Begeistert schwärmt sie am Abendbrottisch von der Ärztin. „Verabrede dich doch mal auf einen Kaffee mit ihr", schlägt Lars vor. Da erzählt sie Lars von ihren Erlebnissen mit der Journalistin in München. Daß sie mit der Frau Sex gehabt habe, daß es wundervoll gewesen sei und daß sie sich zu der Ärztin ähnlich hingezogen fühle. Lars hat eine Erklärung. „So was nennt man lesbisch. Vielleicht bist du lesbisch." Ulli hat das Wort noch nie gehört. Zwar weiß sie, was Schwule sind, aber daß es auch Frauen gibt, die sich ausschließlich für Frauen entscheiden, ist ihr neu. Da ist Ulli einundzwanzig Jahre alt. Und sie reagiert spontan: „Wenn es das gibt, dann bin ich das." „Und jetzt?" Ulli hat nicht den leisesten Zweifel: „Im Moment liebe ich dich, aber wenn das mal vorbei ist, dann werden es immer Frauen sein."

An die Kinderärztin traut Ulli sich nicht heran. Erst viele Jahre später erfährt sie über eine Verwandte, deren Kinder ebenfalls dort in Behandlung sind, daß die Frau tatsächlich lesbisch ist.

„Der Sex mit Lars war biologisch gesehen in Ordnung. Wir hatten unsere Orgasmen. Ich roch ihn gern, was für mich sehr wichtig ist, und er war zärtlich und verständnisvoll. Aber an die Erfahrung mit der Frau in München, mit der ich mit jeder Zelle befriedigt war, reichte der Sex mit Lars überhaupt nicht ran. Bei Männern ist für mich was falsch proportioniert, diese Hoden, und oben fehlt dann was. Busen fand ich schon mit siebzehn ganz große Klasse. Schön fand ich das männliche Geschlecht noch nie. Außerdem hat mich gestört, daß hinter allem immer die Penetration stand; nur das war richtiger Sex, dabei gefielen mir andere Sachen viel besser."

Nach acht Jahren Ehe, Ulli ist mittlerweile zweifache Mutter, hat sie keine Lust mehr, mit Lars zu schlafen. Er protestiert. „Ich habe Sex für meine Lust, nicht für deine", erklärt sie ihm. Lars sucht sich, mit Ullis Zustimmung, andere Frauen.

Für Ulli stehen die Zeichen sowieso auf Aufbruch. Denn sie hat einen ganz wesentlichen Schritt geschafft: die Flucht nach Berlin. Daß Lars daheim auf dem Dorf gerade seine Arbeit verloren hat, kam ihr da nur recht. Denn bei einem Besuch in Berlin findet er in der Stadt auf der Stelle einen neuen Job. Die beiden beschließen zu bleiben, und für Ulli wird ein alter Traum wahr.

„Ich hab' immer die Sehnsucht gehabt, daß ich in Berlin keine Exotin bin. In meinem Dorf war ich ja immer auch eine Fremde, eine von auswärts. Ich dachte, in Berlin gibt es mehr Menschen, die so denken und fühlen wie ich. Auf dem Land hab' ich schon auch Freundinnen gehabt, aber die haben ihre Kinder genauso erzogen, wie ihre Mütter sie erzogen haben, und ich wollte das alles ganz anders machen, ich wollte für meine Kinder mehr Freiheit, und das fanden die alle fremd. In Berlin hab' ich mich von Anfang an wohl gefühlt. Ich hatte nicht das Gefühl, daß ich was Wichtiges zurücklasse. Mittlerweile ist die Stadt meine Heimat. Ich weiß, daß ich hier sterben werde."

Daß ihre erste Berliner Wohnung mitten im Neubauviertel Gropiusstadt liegt, macht Ulli nichts aus. In ihrer Straße haben die Häuser mehr als zehn Stockwerke mit endlosen Fluren, die immer wieder mit Graffiti vollgeschmiert werden. Manche kleinen Kinder, deren elterliche Wohnungen in den obersten Etagen liegen, bekommen zum Spielen einen Kochlöffel mit, damit sie an den Klingelknopf rankommen. Viel Infrastruktur gibt es nicht, die Frauen treffen sich am Einkaufswürfel, ein paar Geschäfte um einen Supermarkt gruppiert, der sich ein wenig schmuddelig zwischen den Hochhäusern duckt.

Bereits kurz nach dem Einzug spricht Ulli dort andere Frauen an, vorzugsweise junge Mütter. Manchmal fragt sie nach Dingen, die sie eigentlich schon weiß. Der Trick funktioniert. Sie knüpft Kontakte, fühlt sich bald nicht mehr einsam im Hochhaus direkt neben der Zonengrenze im äußersten Süden Berlins. Schnell entdeckt sie auch den Frauentreff der Siedlung. Dort werden Krankheiten und Schulprobleme der Kinder ebenso diskutiert wie Schwierigkeiten mit dem Partner oder der Wiedereinstieg in die Berufstätigkeit. Außerdem liegen Faltblätter aus, die über Lesbentreffpunkte und -aktivitäten informieren. Ulli studiert sie aufmerksam.

Schritt für Schritt verläßt Ulli die festen Strukturen ihrer Ehe, die für sie nicht mehr der Rahmen sind, der Geborgenheit schafft, sondern vor allem Einschränkung bedeuten. Sie sucht sich Arbeit als Bedienung in einer Kneipe im Stadtzentrum. Später schafft sie den Sprung zur Geschäftsführerin. Nach der Arbeit geht sie manchmal in Lesbendiscos, um sich in der Szene umzuschauen. Eines Abends lernt sie auf der Arbeit eine neue Kollegin kennen. Sie heißt Yvette, wie Ulli schnell herausfindet. Ulli bleibt länger, bis auch die Neue ihre Schicht beendet hat. Dann gehen sie gemeinsam aus. Später verbringt Ulli die Nacht mit der Frau, die etliche Jahre jünger ist als sie. Am nächsten Mittag stolpert sie mitten hinein in das fröhliche Chaos einer WG-Küche. Sieben junge Lesben sitzen beim Frühstück und mustern Ulli ausführlich. Yvette schaut derweil angestrengt auf die Tischplatte. Die Frauen versuchen sich in Small talk, bis eine von ihnen Ulli auszufragen beginnt. „Wie lebst du?" Ulli fühlt sich auf einmal verdammt unsicher. Noch hat sie die ideale Formulierung nicht gefunden, um ihre Lebenssituation zu beschreiben. Lesbisch und verheiratet klingt reichlich blöd. Ich bin lesbisch, weiß aber nicht, wie ich das leben soll, ebenfalls. Jetzt gilt auch Ullis Blick imaginären Krümeln auf dem Frühstückstisch. Dann holt sie tief Luft: „Wir leben zu viert, zwei Kinder, ein Mann und ich." Aus den Augenwinkeln sieht Ulli, wie ihre neue Freundin zusammenzuckt. Die anderen wechseln schnell das Thema. Später kommt Ulli dann mit einigen der Frauen einzeln ins Gespräch. Denn aus der ersten Nacht wird eine Affäre. Und die schafft Fakten.

Ulli erzählt ihren Freundinnen aus dem Neubauviertel von diesem Erlebnis. Auf Ablehnung stößt sie nicht, eher auf Neugierde. Wie das denn so sei zwischen Frauen, auch im Bett? Ulli erzählt und erfährt im Gegenzug, daß in den Ehen diverser Freundinnen sexuell einiges im argen liegt.

Zu Hause sitzt Ulli plötzlich abends mit den Kindern da und wartet: auf Lars, mit dem abgesprochen war, daß er sich um die Kinder kümmert, damit Ulli ausgehen kann. Eigentlich ist sie mit einer Freundin zum Essen verabredet. Und eigentlich war klar, daß Lars dran ist mit Kinderbetreuung. Absprachen, wie sie immer zwischen den beiden funktioniert haben. Doch plötzlich kommt Lars nicht nach Hause, meldet sich auch nicht. Und Ulli sitzt in der Falle. Kein Einzelfall. Immer häufiger „vergißt" Lars, daß er mit Kinderhüten dran ist. Ulli muß plötzlich um Freiräume kämpfen, die sich die beiden vorher stets gegenseitig zugestanden haben.

Lars will jetzt auch mehr Zuwendung. Einmal fragt er Ulli, ob sie ihn noch liebe. „Das ist eine gewagte Frage", antwortet sie und weiß es selbst nicht so recht. Da schlafen sie bereits seit geraumer Zeit in getrennten Zimmern und mit anderen Partnerinnen.

Gewißheit verschafft ihr eine Episode am Krankenbett ihrer Tochter. Sandra ist vier und nach einer Augenoperation in stationärer Behandlung. Jeden Tag verbringt Ulli bei dem kranken Kind. Abends kommt Lars hinzu. Und einmal hat er Hunger. „Geh doch in die Kantine und hol dir was", schlägt Ulli vor.

„Nein, bitte besorg du mir was." Ulli glaubt ihren Ohren nicht zu trauen. Und findet, daß ein erwachsener Mann in der Lage sein sollte, sich selbst etwas zu essen zu besorgen. Aber er will nicht. Und quengelt. Ulli bleibt stur. Da klettert Sandra aus dem Bett und geht zur Stationsärztin. „Mein Papa hat Hunger. Kannst du ihm bitte ein Brot machen?" Und Ulli schämt sich für ihren Mann. Da wird ihr klar, daß sie ihn nicht mehr liebt.

Auf der Rückfahrt im Auto läßt sie ihre Wut raus. Und davon hat sich eine ganze Menge in ihr angestaut. Sie ist diejenige, die den ganzen Tag bei dem kranken Kind sitzt. Sie kann deshalb nicht zur Arbeit gehen, obwohl das zur Zeit gerade wichtig wäre. „Es ist nicht Aufgabe eines vierjährigen kranken Kindes, dir was zu essen zu besorgen!" brüllt sie ihn an. Und: sie habe gern Kinder, aber mit einem vierzigjährigen Kind würde sie nicht alt werden wollen. Lars wird bleich und fängt derart an zu zittern, daß er rechts ranfahren muß. Nach dem Streit versucht er Ulli alles recht zu machen. Aber da ist es bereits zu spät.

Noch zwei Jahre bleibt sie mit Lars zusammen. Zermürbende Jahre. Denn anders als Lars, der mit einer Kameradschaftsehe ganz zufrieden wäre, will Ulli ausbrechen. Doch da sind die Kinder. Sie redet mit ihnen, gibt ihnen zu verstehen, daß sie und Lars sich möglicherweise trennen werden. Doch wie sie das schaffen soll, weiß sie nicht. Am liebsten würde sie die Kinder erst einmal bei Lars lassen. Sich selbst ihren eigenen Weg suchen und dann vielleicht die Kinder zu sich nehmen. Denkbar wäre das, denn Lars ist ein guter Vater, dem sie durchaus zutraut, eine Zeitlang allein klarzukommen. Aber dann, so denkt sie immer wieder, „bist du die schlechteste Mutter der Welt". Ulli will keine schlechte Mutter sein, sondern Patrick und Sandra eine glückliche Kindheit ermöglichen. Sie will nicht nur eine gute Mutter sein. Sie will außerdem auch eine bessere Mutter sein, als ihre Mutter war. Denn sie will sich und allen beweisen, daß ihre Mutter mit ihrer harten Erziehung unrecht hatte. All das würde zusammenbrechen, wenn Ulli ihre Kinder im Stich ließe. Also bleibt sie.

Zu Lars geht sie immer mehr auf Distanz. „Das Glück, einer Frau wie dir zu begegnen, hat man nur einmal im Leben", sagt er. Doch solche Komplimente lassen Ulli kalt. Obwohl ihr völlig klar ist, daß der Mann, den sie mal geliebt hat, „absolut kein Arsch ist", baut sie einen emotionalen Abwehrwall gegen ihn auf. Ulli ekelt sich regelrecht vor seiner Körperlichkeit. Wenn er vor ihr das Bad benutzt hat und sie seine Spuren findet. Wenn er neben ihr am Frühstückstisch sitzt und seinen Tee trinkt. Dann möchte sie ihm manchmal die Tasse aus der Hand schlagen.

„Ich denke, das war so eine Abgrenzung. Hätte ich ihn weiter gemocht, hätte mich das verwirrt. Nur mit dieser Abgrenzung war es mir möglich, klar diesen Weg zu gehen. Ich wollte ihn nicht mehr um mich haben. Das gehörte nicht mehr zu mir. Die Zeit mit ihm war einfach vorbei."

Aber Ulli weiß nicht, wie sie herauskommen soll aus der Ehe, mit zwei Kindern, elf und sechs Jahre alt. Sie findet keinen Ausweg aus diesem Dilemma, denkt immer öfter an Selbstmord. Konkrete Pläne nehmen Gestalt an. Wie ein Unfall soll es aussehen, ohne Abschiedsbrief, ein Sturz aus dem elften Stock beim Fensterputzen. Eines Morgens ist es soweit. Ulli greift zum Lappen, schwingt sich auf die Fensterbank. Vor ihr der weite Blick über den Grenzstreifen, von dem nachts manchmal das Bellen der Hundepatrouille herüberschallt. Vier scharfe Hunde, die mit ausreichend Abstand voneinander an eine Laufleine gekettet sind und einmal täglich von den Grenzern mit Futter und Wasser versorgt werden, dazu verdammt, auf den wenigen Metern, die ihnen als Auslauf zugestanden werden, Tag und Nacht zu bleiben, bis sie schließlich umfallen oder völlig durchdrehen und durch einen anderen Hund ersetzt werden. Ulli kann die Tiere nicht sehen, aber sie weiß, daß sie da sind. Vorsichtig schaut sie nach unten, auf den dürren Rasen vor dem Haus, auf dem auf keinen Fall Fußball gespielt werden darf. Vom nahen Spielplatz hört sie Kinderrufe. Über ihrem Kopf brummt ein Flugzeug, das gerade vom Flughafen Schönefeld aus gestartet ist. Eine fleißige Hausfrau mit rotem Wischeimer beugt sich probeweise ein wenig vor. Und schreckt dann zurück. Denn plötzlich schießt ihr durch den Kopf: Wenn ich tot bin, kann ich für meine Kinder gar nichts mehr tun. Das bestimme doch ich, was ich ihnen gebe! Ulli entscheidet sich für das Leben und putzt die Fenster zu Ende.

Die Lesbenszene ist arm an brauchbaren Vorbildern. Ulli macht die Erfahrung, daß Kinder in Lesbenkreisen nicht unbedingt willkommen sind. „Ich hab' viele kennengelernt, die ihre Kinder ablehnten. Die haben die immer so als Last dargestellt und sogar überlegt, ob sie die nicht weggeben sollen. Einige haben das dann auch gemacht. Da hab' ich gedacht, das kann es nicht sein, ich werde mich immer für meine Kinder entscheiden. Ich habe das ja am eigenen Leib erlebt, von der leiblichen Mutter wurde ich abgegeben und von der Adoptivmutter nicht wirklich angenommen. Das wollte ich als Mutter natürlich ganz anders machen."

Bei einer heterosexuellen Freundin, selbst Mutter, holt Ulli sich Rat. Diese ermutigt sie, auszuziehen und die Kinder erst einmal bei Lars zu lassen. Er, der zu beiden Kindern einen sehr guten Draht hat, würde schon damit klarkommen. Die Kinder auch. „Kinder sind robuster, als du denkst", sagt die Freundin. Vier Wochen später, als Lars mit den Kindern im Urlaub ist, packt Ulli ihre Taschen und kriecht bei einer Freundin unter. Auf dem Wohnzimmertisch bleiben drei Briefe zurück. „Wären die Kinder da gewesen und hätten gesagt, Mama bleib hier – ich hätte es nicht gepackt zu gehen."

Erst einmal hält Ulli sich versteckt. Als Lars aus dem Urlaub zurück ist, kann er nur über eine Freundin indirekten Kontakt aufnehmen. Auch mit ihren Kindern trifft Ulli sich das erste Mal in einer fremden Wohnung. Patrick nimmt die Sache scheinbar gelassen. „So, jetzt bist du also weg, und lesbisch bist du wohl auch noch", konstatiert er trocken. Sandra dagegen läßt ihre ganze Verzweiflung raus. „Du verläßt mich einfach! Was soll ich jetzt den anderen erzählen? Die denken, du magst mich nicht mehr." In den nächsten Wochen kann Ulli ihrer Tochter den Schmerz geradezu ansehen. Das Mädchen bekommt Hautausschlag und strähnige Haare, ihre Haltung ist plötzlich geduckt. Ulli erfährt, daß Sandra sich völlig zurückzieht, mit niemandem mehr reden oder spielen will. Auch Patrick ist offensichtlich härter getroffen, als er am Anfang zugibt. Erst später wird Ulli klar, daß er ebenfalls Angst hat, nicht mehr geliebt zu werden. „Wenn du keine Männer mehr magst, magst du mich sicher auch nicht mehr", sagt er bei einem der nächsten Treffen. Ulli ist entsetzt. Und weiß trotzdem, daß ihre Entscheidung, zu gehen, richtig war.

„Ich hatte das Gefühl, es ist alles wieder möglich, erst mal ohne Kinder, mich auch beruflich anders engagieren zu können. Das war wie eine Aufbruchphase. Ich hab' dann angefangen, noch Abendschule zu machen und mich gewerkschaftlich zu engagieren. Eine Zeitlang habe ich dann hauptberuflich als Bezirksverordnete unserer Gewerkschaft gearbeitet. Außerdem bin ich '89 den Grünen beigetreten und hab' dort den Lesbenbereich mit aufgebaut. Ich war immer wieder verwundert, was ich so alles kann."

Ulli liebt ihren Sohn nicht nur, sie vergöttert ihn. Ihre grünen Augen strahlen, wenn sie von ihm erzählt. „Patrick war ein bildhübsches Kind, ein zarter, sanfter Junge, und er war mir unglaublich ähnlich. Ich bin ja aufgewachsen mit dem Gefühl, daß ich ein häßliches Kind bin. An mir sei nichts dran, hat meine Mutter gesagt, aus mir würde auch nichts. Und dann dieser schöne Sohn; das hat mir im nachhinein sehr viel Selbstbestätigung gegeben."

Richtig schön finden kann Ulli sich eigentlich erst, seit sie mit Frauen zusammen ist. Wenn sie sich in der Lesben-Kneipe umschaut, blickt sie in einen ganz anderen Spiegel als früher. Die Blicke der Frauen signalisieren ihr, daß sie begehrenswert ist. Ihr drahtiger schlanker Körper, ihre raumgreifenden energischen Bewegungen. Keine käme auf die Idee, Ulli in ein Kleid stecken zu wollen. Oder ihre Weiblichkeit in Frage zu stellen.

Ist der Sohn Ullis männliches Pendant, bleibt die Tochter eher eine Fremde für die eigene Mutter. Nicht nur, daß Sandra Ulli so gar nicht ähnlich sieht; sie ist auch, anders als ihr Bruder, erst einmal kein besonders schönes Kind. Und sie hat früh einen eigenen Geschmack, der sich dramatisch von dem ihrer Mutter unterscheidet. Bereits mit anderthalb kann sie zwar nicht sprechen, aber den Kleiderschrank aufmachen und bestimmen, was sie anziehen möchte. Und natürlich hat Sandra ein ausgesprochenes Faible für Schleifchen, Rüschen, Lackschühchen und ähnliche klassische Mädchen-Accessoires.

„Ich fand das eigentlich furchtbar, aber so war sie nun einmal. Für mich war das Zwangserziehung zur Toleranz. Denn ich hab' ganz schnell begriffen, entweder gehe ich mit ihr so rigide um, wie man mit mir umgegangen ist – ich wollte ja Hosen und mußte Kleider tragen –, oder ich mach' das anders. Ich hab' sie dann gelobt, wenn sie mal Hosen anhatte, aber viel genutzt hat das nicht. Als Kind hatte Sandra so bürgerliche Tendenzen. Zu ihrer Einschulung mußte ich mir einen Rock kaufen. Sandra hat darauf bestanden. Alle Mütter würden im Rock kommen, und ich bräuchte in Jeans gar nicht erst aufzutauchen. Da habe ich mir eben einen Rock gekauft. Das war ja schließlich ihr Tag." Es dauert viele Jahre, bis Mutter und Tochter einander verstehen lernen.

Als Ulli ein Jahr nach der Trennung eine eigene Wohnung gefunden hat, bietet sie den Kindern an, zu ihr zu ziehen. Aber Sandra und Patrick entscheiden sich für Lars und ihre gewohnte

Umgebung. Das Verhältnis zu Lars wird, nachdem die ersten Kränkungen überwunden sind, freundschaftlich. Er hat bereits eine neue Freundin. Scheiden lassen Ulli und Lars sich nicht, um das gemeinsame Sorgerecht zu behalten. Manchmal kommt Lars mit den Kindern in die Kneipe, in der Ulli arbeitet. Dann sitzen sie gemeinsam am Tisch, trinken Limonade und berichten sich von den neuesten Ereignissen. Einmal begegnen sich um ein Haar Ullis altes und neues Leben. Denn Ulli wartet auf eine Frau, die sie mehrmals gesehen und schließlich angesprochen hat. Lars und die Kinder machen keine Anstalten zu gehen. Ulli versucht zu drängeln: „Die Kinder müssen ins Bett." „Ich bin aber gar nicht müde." „Ich auch nicht." Ulli wird zunehmend nervöser. Schließlich war Sandra zufällig bei der ersten Begegnung im Café dabei. Wenn sie sie womöglich auch noch wiedererkennt! Als die Familie endlich geht, kommt die Frau zur Tür herein. Und erkennt Sandra. „Das war dann wohl der Rest", stellt sie lakonisch fest.

Die Frau heißt Marga und wird für die nächsten acht Jahre Ullis Freundin. Kinder kann sie eigentlich nicht leiden. Und Co-Mutter will sie schon gar nicht werden. Als Sandra zu Ulli zieht, weil sie mit der neuen Freundin von Lars nicht klarkommt, wird dies zum Problem. Marga wohnt im selben Haus. Sie macht ihren Standpunkt klar: „Kinder interessieren mich nicht die Bohne." Sie könne sich höchstens vorstellen, daß Sandra ihre kleine Freundin werde. Doch daraus wird nichts. Denn Sandra erweist sich bisweilen als reichlich muffelig und bockig. Außerdem hat sie noch immer einen ganz eigenen Geschmack, der so gar nicht zur herrschenden Lesben-Doktrin der Achtziger paßt. Sandras ganzer Traum ist ein weißes Baumwollkleid mit Volantärmeln. Marga gruselt es angesichts des extrem mädchenhaften Verhaltens. Trotzdem greift Ulli zähneknirschend tief ins Portemonnaie und erfüllt ihrer Tochter den Wunsch. Doch jedesmal, wenn es ans Wäschewaschen geht, stupst Ulli das gute Stück ganz nach unten in den Wäschekorb. Und Sandra wartet vergeblich auf ihr Lieblingskleid. Wenn Lars zu Besuch ist, erbarmt er sich. Dann wäscht er das Kleid mit der Hand aus und fönt und bügelt es trocken, damit Sandra es anziehen kann.

Die Ablehnung und Zurückhaltung ihrer Freundin kränken Ulli. Vor allem als Sandras Pubertätsstürme beginnen, fühlt sich Ulli von Marga im Stich gelassen. „Einerseits wollte ich nicht, daß jemand anders die Verantwortung übernimmt. Ich hatte schon auch das Gefühl, ich komm' damit allein klar. Aber später hat sich in der Beziehung gezeigt, es gab schon Punkte, da hätte ich mir einen Austausch gewünscht. Ich hatte das Gefühl, daß Marga einen Teil von mir negiert hat. Ich bin eben auch Mutter, das macht einen großen Teil meines Lebens aus."

Manchmal kritisiert Marga Ullis Erziehungsstil. Während Ulli ihrer Tochter größtmögliche Freiheit gewähren will, hat Marga eher den Eindruck, daß das Gör ihnen auf der Nase rumtanzt. Sie rät zu mehr Strenge. Doch die hat Ulli selbst zur Genüge genossen. „Deine Tochter ist arrogant und egoistisch!" wirft Marga Ulli an den Kopf. Das will Ulli gar nicht leugnen. „Ja, aber sie ist meine Tochter."

Und die entwickelt sich langsam aber sicher vom Entchen zum Schwan. Was auch den jungen Männern nicht verborgen bleibt. Wie Ulli eines Nachts deutlich gemacht wird. Sandra kommt gegen Mitternacht von einem Schulausflug und soll wenige Stunden später zu einem Theaterfestival fahren. Ulli fungiert als Chauffeurin. Die Tochter vom Bahnhof abholen, neu packen, sie zum Bus bringen. Zwischen den beiden Fahrten richten Mutter und Tochter Sandras Sachen. Im übrigen Haus ist es schon ganz ruhig und dunkel, nur in der Wohnung, durch die Mutter und Tochter geschäftig laufen, brennen sämtliche Lampen. Zwischen Wäschebergen, Taschen und Bügelbrett sprudelt es aus der Sechzehnjährigen heraus: „Sex ist wundervoll, ich hab' mit drei Jungen geschlafen, und es war supergeil." Ulli ist ein wenig verdutzt, nicht nur über die Zahl drei, sondern auch darüber, daß sie alles so genau erzählt bekommt. Sie spricht das Thema Verhütung an und bringt Sandra dann zum Bus.

Wenig später trifft Ulli zum ersten Mal einen nackten jungen Mann in ihrer Küche. Es ist morgens, Ulli muß zur Arbeit und will sich noch schnell einen Kaffee machen. Erst einmal ist sie erschrocken, dann wirft sie den ungebetenen Gast aus der Küche. Ulli hat nichts dagegen, daß sich nackte junge Männer in Sandras Zimmer aufhalten. In ihrer Küche aber möchte sie damit nicht konfrontiert werden. Sandra argumentiert feministisch. „Wenn ich meinen Freund nicht in die Küche schicken darf, dann bedeutet das, daß ich die ganze Küchenarbeit allein machen muß, und das ist unfair." Doch Ulli, die außer mit Lars und Patrick mit Männern so gut wie nichts zu tun hat, zieht diesmal eine klare Grenze, die Sandra akzeptieren muß. Als Ulli den Freund ihrer Tochter näher kennenlernt, findet sie ihn eigentlich ganz sympathisch.

Auch ihr Sohn stellt ihr seine Freundinnen vor. Manchmal behandelt er Ulli wie eine kleine Sensation. Hin und wieder kommt er mit einem Freund vorbei, „nur mal schnell reinschauen, wir waren gerade in der Nähe". Ulli vermutet, daß Patrick geradezu ein bißchen stolz ist, eine derart außergewöhnliche Mutter zu haben. Auch Sandra geht mit dem Lesbischsein ihrer Mutter offensiv um. Als in ihrer Klasse Schwulenwitze gerissen werden, wird sie sauer. „Ihr kennt ja alle gar keine Schwulen. Ich aber kenne ganz viele Schwule und Lesben persönlich, und die sind sehr nett." Ihre Schulkameraden hören auf, Schwulenwitze zu reißen.

Eine lesbische Mutter und zwei heterosexuelle Kinder. „Was habe ich bloß falsch gemacht!" lacht Ulli und schlägt dabei theatralisch die Hände über dem Kopf zusammen.

Auf dem Foto eine richtige Familie. Vater, Mutter, zwischen ihnen die Tochter, im Hintergrund der Sohn. Die Tochter hält Sonnenblumen in der Hand. Sie sind gerade aus der Schule gekommen, wo die Abiturfeier stattfand. Diesmal muß Ulli sich nicht extra einen Rock kaufen, sondern darf Hosen tragen. Ein Stück Vergangenheit, das nicht Wirklichkeit ist. Vater, Mutter, Kinder, der Bund fürs Leben. Für Ulli ist die ewige Liebe bereits zerbrochen. Weil Ulli nicht treu sein kann. Weil sie sich mit Kneipe, Freundin und schwieriger Tochter überfordert fühlte. Weil Marga plötzlich eine andere hat. Da ist Ulli vierzig. Gerade noch wollte sie sich in jeder Hinsicht etablieren. Doch dann bricht erst einmal alles zusammen. Ulli ist erst die Freundin los und schließlich auch noch die Arbeit in der Kneipe. Dort jeden Morgen ihrer Nachfolgerin zu begegnen ist ihr einfach zuviel.

Ulli flüchtet aufs Dorf. Im Haus ihrer Schwiegermutter kommt sie erst einmal zur Ruhe. Auch nach der Trennung von Lars hat sie die Freundschaft zu seiner Mutter aufrechterhalten. Käthe kann nicht verstehen, warum Ulli die Kneipe aufgegeben hat. „Sag mal, das war doch dein Leben. So was gibt man doch nicht auf. Was war denn da?" „Das war eine unglückliche Liebe, die zu Ende ging. Deshalb hab' ich aufgehört. Mehr möchte ich dazu nicht sagen." Ulli schluckt, zupft nervös am Tischtuch. Das gute weiße mit den aufgestickten Blümchen. Hinter ihr tickt die Standuhr und vermißt die Gesprächspause.

Eigentlich vertraut sie Käthe, würde ihr gern alles erzählen. Aber dann wiederum ist die Frau schon achtzig. Was, wenn sie damit nicht klarkommt? Würde sie dann womöglich die Freundschaft verlieren, die Jahre, die noch bleiben? Käthe schaut sie an und baut eine goldene Brücke: „Ich erzähl' ja auch nicht immer alles. Papa ist '42 gefallen, und ich erzähl' ja auch nicht, was in den ganzen Jahren war, mit 'nem Mann oder mit 'ner Frau, mit 'ner Frau, das glaubt einem ja sowieso keiner." Ulli geht nicht darauf ein, fragt sich aber hinterher, ob sie hier vielleicht eine Chance verpaßt hat.

Auch ihren alten Schulfreundinnen gegenüber erwähnt sie das Wort lesbisch nicht. Zwar erzählt sie manchmal von ihrer

Freundin, macht aber nie deutlich, welcher Art das Verhältnis ist. Ulli findet es unangenehm und lästig, sich immer wieder aufs neue erklären zu müssen. Manchmal hat sie auch Angst vor den möglichen Reaktionen. Die meisten Heterofreundinnen aus Berlin hat sie mit der Zeit hinter sich gelassen. „Mir war von Anfang an klar, daß meine heterosexuellen Freunde mich nicht mein zukünftiges Leben begleiten werden. Dieses Leben ist einfach zu unterschiedlich. Ich wollte gehen, und dann läßt man was zurück. Das kannte ich schon von früher." Sagt's und zuckt mit den Achseln. Bedauern? „Nein, eigentlich nicht."

Als Ulli über Vierzig ist, hat sie einen Traum. Sie lebt im Kinderheim, gemeinsam mit zwei kleinen Jungen im Zimmer. Die Jungen tragen Strampelanzüge in Hellblau, die Mädchen in Rosa. Einmal ziehen die Betreuerinnen Ulli aus Versehen einen hellblauen Anzug an. Ulli will das nicht, schreit wie am Spieß. Wochen später bekommt sie erneut einen Jungenanzug. Und freut sich, will keinen anderen mehr anziehen.

Als Ulli über Vierzig ist, gibt es mehrere Dinge, mit denen sie ins reine kommen muß. Da ist erstens ihre Mutter, die stirbt. Nächtelang sticht Ulli mit dem Messer auf sie ein, bis ihr das Blut ins Gesicht spritzt, bis sie Hautausschlag bekommt. Dann wacht Ulli schweißgebadet auf. Ihre Mutter zu erstechen ist keine Befreiung, aber eine Tat, die vollbracht werden muß. Selbstverständlich hat Ulli ihrer Mutter nie erzählt, daß sie lesbisch ist. „Denn das hat ja was mit Vertrauen zu tun, und das hatte ich in meine Mutter ja nicht. Meinem Vater hätte ich es erzählt. Ich stell' mir immer vor, er hätte geantwortet, Hauptsache, du hast jemanden an deiner Seite. Aber mein Vater war da schon tot."

Ulli muß nicht nur die Trennung von Marga verkraften und sich mit ihrer verstorbenen Mutter auseinandersetzen, sondern sich auch noch einen neuen Job besorgen. Sie besucht noch einmal die Wirtschaftsfachschule und macht ihren Abschluß als Buchhalterin. Dann arbeitet sie in einer Werbeagentur, bis diese in Konkurs geht. Mittlerweile ist Ulli Mitte Vierzig und wieder arbeitslos. Auf eine freie Stelle kommen achtzig Bewerbungen. Ulli beginnt in einem Frauen-Taxiunternehmen zu jobben. Sie fährt die Wagen zur Werkstatt, in die Waschanlage, in die Garage und stellt fest, daß es ihr Spaß macht, Daimler zu fahren. Also macht sie den Taxischein und wird Droschkenkutscherin. Außerdem gibt sie Schreibmaschinenkurse in der Volkshochschule.

Doch dann kommt die nächste Klippe: Ulli wird schwer krank. Eine seltene Form von Lungenentzündung, die nach und nach das Gewebe zerstört. Die Ärzte geben Ulli noch ein Jahr. Ulli bereitet sich auf den Tod vor. Sie ist so geschwächt, daß ihr selbst für die einfachsten körperlichen Verrichtungen häufig die Kraft fehlt. Trotzdem will sie sich weder von ihren Freundinnen noch von ihrer Tochter pflegen lassen. Als sie merkt, daß sich ihre Gedanken immer mehr um den Tod drehen, sucht sie sich eine Therapeutin. „Ich wollte meine Freundinnen mit dem Thema nicht überlasten." Lange Gespräche führt sie vor allem mit ihrer Tochter. Ihr Sohn dagegen enttäuscht sie. „Du hast schon so viel geschafft, das schaffst du auch noch", ist seine lapidare Antwort. Ulli findet die Reaktion cool, ein einziges Wegschieben. Ihre Tochter dagegen überrascht das gar nicht. „Was willst du denn", sagt sie bei ihrem nächsten Besuch. „Patrick ist ein Mann, und Männer lassen so etwas nicht an sich heran." Da muß Ulli zugeben, daß sie von Männern nicht soviel versteht wie ihre Tochter.

Ulli, mit der es immer weiter bergab geht, hat noch einen Wunsch: Sie möchte ein letztes Mal nach Portugal. Und dabei ist sie doch auf fremde Hilfe angewiesen. Zwei Freundinnen machen die schwierige Reise mit ihr. Und sind für sie da, kochen, kaufen ein, stellen sich den Fragen ihrer todkranken Freundin. Und Ulli wird klar, daß sie geliebt wird, auch wenn sie nicht interessant ist und vor Einfällen sprüht. Eine neue Erkenntnis. Zum zweiten Mal in ihrem Leben fühlt Ulli sich rundum geborgen.

Wann immer ihre Kraft es zuläßt, macht sie kurze Strandspaziergänge. Am liebsten sind ihr die Abendstunden, wenn der Strand leerer geworden ist. Dann sitzt sie im Sand, beobachtet die untergehende Sonne und nimmt in Gedanken Abschied. Von Portugal, von Berlin, von ihren Kindern und Freundinnen. Und sie überlegt sich, was ihr wohl soviel Kraft geben könnte, daß sie sich wieder hochrappelt. Ein Enkelkind, denkt sie. Und wundert sich über sich selbst.

Zurück in Berlin findet sie einen Internisten, der sich auf Homöopathie spezialisiert hat. Seine Therapie schlägt an. Wochen später ist die Entzündung abgeheilt, das Lungengewebe regeneriert sich. Abschließend wird Ulli noch einmal geröntgt und erfährt die Diagnose: „Sie sind geheilt." Alle um sie herum brechen in Jubel aus. Nur Ulli weiß nicht so recht, was sie davon halten soll. Ein Jahr lang hat sie sich auf den Tod vorbereitet, jetzt soll sie sich plötzlich wieder auf das Leben einstellen.

Eine Freundin oder ihre Freundin klappert in der Küche mit dem Geschirr. Es riecht nach Essen. Ulli blinzelt in die Sonne und greift nach ihrer Zigarettenschachtel, eine leichte Marke. Ulli nimmt eine raus und knickt den Filter ab. Dann steckt sie sich die Zigarette an und inhaliert genüßlich.

„Mir ist früher schon aufgefallen,
daß ich manche Frauen sehr schön fand!"

(Hatice, 36 Jahre)

Ganz gerade hält sich die Mutter, wenn sie die Straße hinunter-
geht. Sie trägt immer einen Mantel über dem Rock. Hatice sieht
ihr vom Fenster aus nach. Und spürt, wie sie stolz ist auf diese
Frau. Die alles ganz allein schafft. Die nicht wie die meisten anderen Frauen immer nur im eigenen Viertel bleibt, sondern Be-
sorgungen zu machen hat, auf Ämter geht, mit dem Bus ins
Stadtzentrum fährt. Hatice gefällt der zielstrebige Schritt ihrer
Mutter und wie sie den Kopf hochhält beim Gehen. Nur manchmal versucht Hatice sich vorzustellen, wie die Mutter wohl aus-
sähe, wenn sie nicht immer nur diese schlichten grauen oder
beigen Röcke trage würde, sondern strahlend helle Kleider mit
Spitzen und feinen Stickereien und dazu glänzenden Schmuck,
so wie es die anderen Frauen an Festtagen tun. Dann sieht sie
ihre Mutter, wie sie sich dreht in ihrem Kleid und lacht und von
allen Frauen die Schönste ist. Statt dessen sitzt die Mutter da,
konzentriert über ihre Strickmaschine gebeugt, Stunde um Stunde. Oder sie reiht in ihrem kleinen Heftchen Zahlenkolonne an
Zahlenkolonne, um auszurechnen, wieviel sie noch von der Hy-
pothek abzahlen muß, bis das kleine Haus ihnen gehört. Vorsichtig berührt Hatice ihre Mutter am Arm, schmiegt ihr Gesicht
schüchtern an die Hüfte der Frau. Wie schön es wäre, wenn die
Mutter sie jetzt auf den Schoß nähme und in den Armen hielte.
Doch die Mutter schaut kaum auf von ihrer Rechenarbeit und
umarmt Hatice nur flüchtig. Einmal erklärt sie ihrer jüngsten
Tochter, daß sie Mutter und Vater in einer Person sein müsse.

Was Hatice nicht wirklich versteht. Erst viele Jahre später werden sie darüber sprechen. Und die Mutter wird erzählen, wie das ist, als Frau allein mit vier Töchtern und kaum genug Geld, um etwas zu essen zu kaufen, und immer die Blicke und das Getuschel der Nachbarinnen und die Angst, daß die Töchter eines Tages nicht mehr gehorchen und aus dem Ruder laufen.

Die Mutter weiß, was sie will für ihre Töchter: Erst einmal eine gute Schulbildung. Doch dafür hat sie kein Geld. Und die Internate für Kinder aus armen Familien stehen in den sechziger Jahren nur den Jungen offen. Was Hatices Mutter gar nicht einsieht. Also nimmt sie den Kampf mit den Behörden auf. Und gewinnt. Ihre Töchter sind die ersten Mädchen, die auf einem solchen Internat das Abitur machen können. Nur Hatice ist als Nachzüglerin noch zu jung.

Als sie sechs Jahre alt ist, steigt die Mutter in den Bus nach Ankara. Sie verabschieden sich auf dem Busbahnhof. Die meisten anderen Reisenden sind Männer. „Wünsch mir Glück", sagt die Mutter. Hatice stößt mit dem Fuß einen kleinen Stein über den staubigen Boden. Ihre Augen füllen sich mit Tränen. Trotzig schaut sie zu ihrer Mutter hoch. „Hoffentlich schaffst du es nicht!" Hatice weiß, daß ihre Mutter für lange Zeit nicht wiederkommen wird, wenn sie wirklich Glück hat. Das Ziel heißt Allemania. Das Land, wo es Arbeit gibt für alle. Und Wohnungen mit warmem Wasser, das aus der Leitung kommt. Vor allem aber genug Geld, um vier Mädchen zu ernähren. Deshalb hat die Mutter ein paar Sachen verkauft. Um den Bus bezahlen zu können und das Hotelzimmer in Ankara. Die Tests dauern drei Tage lang. Doch die Mutter ist zu aufgeregt. Als ihr Blutdruck gemessen wird, ist er viel zu hoch. Nicht geeignet als Arbeitskraft für Allemania! Die Mutter schämt sich, als sie wieder ankommt auf dem Busbahnhof ihrer kurdischen Kleinstadt. Und sie ist wütend auf ihre jüngste Tochter, die ihr kein Glück gewünscht hat.

Dreizehn Jahre hat der Vater als Lehrer gearbeitet. Das reicht für einen Rentenanspruch nicht aus. „Euer Vater hat uns nichts als Bücher hinterlassen!" stöhnt die Mutter, die wieder einmal an der Strickmaschine sitzt und sich ausrechnet, daß es gerade so zum Überleben reichen wird. Hatice kann sich nur noch schwach an den Vater erinnern. Wie er schon sehr krank war und sie auf seinem Bett gesessen hat und er sie manchmal hochgehalten und auf seinen Füßen balanciert hat. Da war sie vier Jahre alt. Oder wie sie Schmiere stehen mußte, wenn ihre älteren Schwestern gegen das Verbot des Vaters draußen gespielt haben. Wie er dann die Straße herunterkam in seinem eleganten hellen Anzug. Wie sie die Schwestern gerufen hat. Und ihr Vater hinterher getan hat, als hätte er das alles gar nicht mitbekommen. Von ihm bleiben ihr die Artikel und Gedichte, die er veröffentlicht hat und die den Schmerz widerspiegeln über ein Land, in dem Menschen wie er als Rotköpfe verspottet und immer wieder zu Opfern von Pogromen gemacht werden. Als kleiner Junge wird er Zeuge, wie die Aleviten in seinem Dorf zusammengetrieben werden, wie schließlich auf dem Marktplatz Schüsse fallen und Verwandte und Bekannte von ihm tot zusammenbrechen, während er sich zitternd hinter einer Mauer versteckt. Kurz danach wird er zum ersten Mal schwer krank. Hatices Vater stirbt mit vierunddreißig an einer verschleppten Hepatitis. Die Mutter beschließt, mit den Töchtern in der Stadt zu bleiben und nicht zu ihrer Familie aufs Dorf zurückzukehren. Eine ungewöhnliche Entscheidung.

„Die Frauen in meiner Familie waren eigentlich alle sehr emanzipiert. Die Männer hatten zwar offiziell das Sagen, wurden aber nicht so richtig ernst genommen. Außerdem ist auch meine Mutter Alevitin. Das heißt, daß unsere Frauen auf der Straße mit Männern reden dürfen, auch mitreden, wenn es um Entscheidungen geht. Da gibt es nicht diese zwei Bereiche. Die Männer in meiner Familie haben auch im Haushalt geholfen, haben Tee gekocht oder Gäste bewirtet. Ich weiß noch, wie mein Onkel abends vom Feld kam und immer zuerst am Brunnen seine schmutzigen Socken ausgewaschen und aufgehängt hat. Die hat er nicht einfach meiner Tante in die Hand gedrückt. Meine Mutter hat dann auch Unterstützung von ihrer Mutter bekommen, als sie in der Stadt bleiben wollte. Meine Oma, die hat immer die ganze Familie zusammengehalten. Da wurde gemacht, was sie wollte. Meine Tante hatte auch ihren ganz eigenen Kopf. Die sollte mit einem Mann verheiratet werden und ist dann mit einem anderen durchgebrannt. Meine Großeltern haben das schließlich akzeptiert."

Die Familie ist auch mit den Plänen der Mutter einverstanden, ihr Glück in Deutschland zu versuchen. Sie macht noch einen weiteren Anlauf, scheitert aber erneut an ihrem hohen Blutdruck. Die Nachbarinnen spotten bereits. Als die Mutter dann zum dritten Mal nach Ankara fährt, weiht sie nur eine befreundete Familie ein. Sie bringt Hatice am Abend vorher dort vorbei und verläßt dann nur mit einer kleinen Tasche im Morgengrauen das Haus Richtung Busbahnhof. Und kommt nicht zurück.

Zwei Wochen später organisieren die Freundinnen der Mutter die Auflösung des Haushalts. Alle Nachbarn helfen mit. Sie tragen Töpfe und Kleider, Gläser und Bücher an Hatice vorbei, die neben der Eingangstür steht und nicht glauben kann, was sie sieht. Es ist auch ihr Zuhause, das da von fremden Leuten begutachtet und Stück für Stück fortgeschleppt wird, auch ihre Dinge, die von ungeschickten Kinderhänden gepackt und fallengelassen werden, so wie eines der Bücher ihres Vaters, dessen Seiten im Staub des Vorhofes flattern. Hatice hält sich die Hände vors Gesicht, hört die Schritte und Rufe der Nachbarinnen. „Die Schüsseln hat Şirin Semas Familie versprochen!" „Hier, halt mal, mein Sohn!" „Pack die Decken dort auf den Wagen!" „Beeil dich, bring die Bücher hierher!" „Wo soll dieses Schränkchen hin?" Für einen Moment hat Hatice die Hoffnung, daß sich alles nur als Traum herausstellt, wenn sie die Hände wieder fortnimmt. Doch als sie die Augen aufmacht, blättert der Wind noch immer in den Buchseiten. Aus einem anderen Haus hört sie Frauenstimmen, das Klappern von Töpfen und Schüsseln. Es riecht gut nach frisch gekochtem Gemüse und Gewürzen. In Hatices Hals würgt ein dicker Kloß. Sie ist zu entsetzt, um zu weinen. Schließlich sagt die Freundin ihrer Mutter ihr, daß sie jetzt mitkommen soll, um bei ihnen zu wohnen. Hatice mag die Frau nicht. Aber was soll sie tun mit zehn Jahren, die großen Schwestern im Internat und die Mutter irgendwo weit weg! In einem Atlas findet sie die Gegend, in der ihre Mutter jetzt wohnt. Das Dorf selbst ist zu klein, aber die Mutter beschreibt eine Stadt, in der sie schon einmal einkaufen war. Ein kleiner schwarzer Punkt und ein Name, der kaum auszusprechen ist: Schweinfurt. Die Mutter schreibt auch, daß sie jetzt Arbeit gefunden hat in einer Fabrik und daß auch andere Leute aus der Türkei dort leben. Und sie schickt von ihrem ersten Lohn einen Mantel für Hatice, so einen mit modischen Plüschaufsätzen, wie ihn sonst nur die Kinder der Oberschicht tragen. Hatice ist mächtig stolz, als sie ihn zum ersten Mal in den Straßen spazierenträgt. Vor allem aber ist sie traurig. „Wann kann ich zu dir kommen?" schreibt sie an ihre Mutter. „Noch nicht", kommt die Antwort nach endlosen Tagen des Wartens.

Nach einem Jahr bei Fremden holt die Familie der Mutter Hatice aufs Dorf. Obwohl dort alles ganz anders ist als in der Stadt, fühlt sich das Mädchen dort eher geborgen. Sie geht erst einmal ein weiteres Jahr zur Volksschule. Eigentlich soll sie anschliessend genau wie ihre Schwestern aufs Internat. Doch davor hat Hatice Angst. Heißt das doch, daß sie dann noch Jahre von ihrer Mutter getrennt sein wird. Deshalb ist sie reichlich erleichtert, als der Onkel die Anmeldefrist fürs Internat verpaßt. Sie wird erst einmal im Dorf bleiben, um dann später zu ihrer Mutter zu ziehen. Hatice ist sich ganz sicher, daß ihre Mutter sie nachholen wird. Vorher findet die Familie eine Aufgabe für die Zwölfjährige. Sie wird zur Schafhirtin ausgebildet. Erst lernt sie, die Lämmer zu versorgen, bis sie schließlich eine eigene Herde bekommt. Zweihundert Schafe! Plötzlich ist sie jemand! Sie muß nicht wie die anderen Mädchen langweilige Hilfsarbeiten auf dem Feld oder im Haushalt verrichten. Sie zieht morgens ganz allein mit ihrer Herde in die Berge und sucht die besten Weideplätze. Kühl und frisch ist die Luft um diese Zeit, wenn sie sich am Brunnen den Schlaf aus den Augen wäscht. Wenn sie besonders früh aufsteht und dann schnell in ihre Sandalen schlüpft, ist sie der erste Mensch auf der Welt. Der eine wichtige Arbeit zu verrichten hat. Und allen anderen zuvorkommt, so daß die Schafe heimlich auf den grüneren Wiesen der Nachbardörfer grasen können. Auf ihrem Weg dreht Hatice nebenbei noch Kuhfladen um. Damit markiert sie, daß sie sie zuerst gefunden hat und gegen abend, wenn sie auf beiden Seiten trocken sind, einsammeln kann. Sie ist so eifrig, daß die anderen Hirten schon jammern. „Hatice sammelt uns alle Kuhfladen weg! Womit sollen unsere Familien denn noch heizen?" beschweren sie sich augenzwinkernd bei ihrem Onkel. Auch sonst haben die Nachbarn mächtig Respekt vor Şirins Tochter, die alle zweihundert Schafe einzeln kennt, die ganze Herde unter Kontrolle halten kann und außerdem weiß, was sie tun muß, wenn eines der Schafe krank ist oder Lämmer bekommt. Abends, wenn Hatice von der Arbeit nach Hause kommt, wartet auf sie eine extra große Essensportion, die die Frauen für sie übriggelassen haben. Damit ist sie den erwachsenen Männern gleichgestellt.

In den Ferien wird Hatice manchmal von einer Cousine begleitet. Obwohl diese erst zehn Jahre alt ist und somit in Hatices Augen noch reichlich klein, freut sie sich doch über die Gesellschaft. Zumal die beiden Mädchen etwas gemeinsam haben: Beide vermissen ihre Eltern. In Hatices Fall ist der Vater tot und die Mutter fort, bei Yasemin ist es genau umgekehrt. Deshalb gibt es das „Stell-dir-vor-Spiel", das die Mädchen immer und immer wieder spielen, wenn sie gemeinsam unter einem der kargen Bäume liegen, um sich vor der Mittagssonne zu schützen. Dann kneifen sie beide die Augen zu, und Hatice sagt so geheimnisvoll wie möglich: „Stell dir vor, wir machen die Augen auf, und dein Vater steht plötzlich dort hinten an dem Felsen." Solange sie die Augen zulassen, können sie es ganz deutlich sehen, wie er da steht mit seinem Hut und den Mädchen zuwinkt. Solange sie die Augen zuläßt, kann Hatice auch ihre Mutter sehen, wie sie auf sie zukommt in ihrem langen Rock, um sie zur Begrüßung zu umarmen. In diesem einen Moment gibt es diesen süßen Stich in Hatices Brust. Wenn sie die Augen wieder aufmacht, scheint die Gestalt noch für einen Sekundenbruchteil dort zu sein, wo ihre Phantasie sie hingestellt hat. Bis sie die Konturen der Schafe und Berge hinter der vor Hitze flimmernden Luft wieder ganz klar sieht und ihre Mutter verschwunden ist.

Kontakt gibt es nur über die Briefe, die der Dorfbriefträger alle paar Wochen vorbeibringt. Manchmal hat er sogar geheimnisvolle kleine Päckchen für Hatice dabei. In ihnen findet das Mädchen unter anderem Miniröcke, die Anfang der siebziger Jahre in Deutschland sehr modern sind. In der türkischen Provinz ist Hatice die einzige in Miniröcken, und sie ist mächtig stolz, diese Errungenschaften an Sonn- und Festtagen zu tragen. Und besonders stolz ist sie, als die Großmutter ihr dazu auch noch ihren wertvollen Goldschmuck ausleiht. Hatice freut sich nicht nur über den wunderschönen Schmuck, sondern auch über das Vertrauen, das ihre Oma dadurch zum Ausdruck bringt.

Für Hatice wird das Dorf der Großeltern langsam zur Heimat – bis dann schließlich doch der lang ersehnte Brief der Mutter eintrifft. „Ich möchte, daß du jetzt bei mir lebst. Ich habe alles vorbereitet." Wochenlang kann Hatice vor Aufregung kaum etwas essen. Immer wieder malt sie sich den Moment aus, wie sie auf dem Flughafen in die Arme ihrer Mutter stürzen wird. Und dann versucht sie sich vorzustellen, wie das wohl ist – das Leben in Deutschland. Sie hat so vieles gehört über Deutschland, von denen, die mal dort waren oder Verwandte dort haben. Stets schwingt Anerkennung mit in den Reden der anderen. Wie hoch entwickelt die Deutschen sind, wie fleißig, wie organisiert. So müßten die Menschen in der Türkei auch sein, finden einige. Dann wäre das Land nicht so arm. Hatice platzt bald vor Neugierde auf dieses schöne Land.

Es ist kalt und es regnet, als sie Ostern 1973 auf dem Flughafen Frankfurt ankommt. Die Mutter wirkt müde und irgendwie verändert, ohne daß Hatice das näher beschreiben könnte. Auf der Zugfahrt nach Schweinfurt schaut das Mädchen gebannt aus dem Fenster. Saftig grüne Wiesen; soweit das Auge reicht. Hatice kann sich gar nicht sattsehen an diesem Anblick. Und sie denkt an ihre Herde, an die mühsame Suche nach den wenigen dürren Grasbüscheln. Hatice sinnt in den nächsten Tagen viel über die Schafe zu Hause nach und wie sie es wohl schaffen könnte, das ganze Gras, das in Deutschland offenbar einfach so wächst, ohne daß es als Futter gebraucht wird, zu ihren Schafen ins trockene Anatolien zu bringen. Abends im Bett mäht sie die Wiesen, eine nach der anderen, und packt Heubündel ins Flugzeug nach Ankara. Sie malt sich aus, wie sich die Familie im Dorf freuen wird, wenn sie das ganze Futter in Empfang nimmt, und wie sie ihnen schreiben wird, daß es in Deutschland so viel davon gibt, daß sie immer neues schicken kann.

Hatice hat viel Zeit, ihren Gedanken nachzuhängen. Die Mutter muß den ganzen Tag arbeiten, und in Deutschland sind noch Schulferien. Noch immer ist die Dreizehnjährige neugierig auf die deutschen Menschen, aber sie bekommt selten welche zu Gesicht. Wenn sie am Fenster steht und auf die Straße hinunterschaut, wundert sie sich, wie leer diese ist. Nie scheinen zwei Frauen auf dem Weg zum Einkauf stehenzubleiben und ein wenig zu plaudern. Selbst an sonnigen Sonntagen sitzen keine Nachbarn vor einem der kleinen Häuser zum gemeinsamen Plausch zusammen. Die Menschen hier scheinen es alle sehr eilig zu haben, jeweils allein in ihre eigenen Häuser zu kommen. Die leeren Straßen erschrecken Hatice. Außerdem schmeckt das Brot furchtbar. Eines der ersten deutschen Wörter, die sie lernt, heißt Ruhe. Es steht auf einem Schild unten im Hausflur. Hatice lebt mit ihrer Mutter in einem der wenigen Mietshäuser im Dorf. Außer ihnen wohnen noch ein paar türkische Familien dort. Sie sind schon länger in Deutschland und kennen sich aus. Schnell haben sie Hatices Mutter klargemacht, daß es in Deutschland nicht richtig ist, am Sonntag draußen Wäsche aufzuhängen, selbst dann nicht, wenn die Frau die ganze Woche über arbeitet und sonntags die Sonne scheint. Warum das nicht geht, wissen sie auch nicht, aber sie lassen keinen Zweifel daran, daß die Deutschen schon recht haben werden mit dieser Regelung. Ebenso wie mit der Weisung, beim Spielen nicht laut zu rufen und die Treppen immer ganz leise hinunterzugehen. Die Mutter gibt die Regeln an ihre Tochter weiter. Den Rest lernt Hatice von den anderen türkischen Kindern.

Als sie dann in die Schule kommt, kriegt sie erst einmal nicht viel mit. Denn natürlich kann sie kein Wort Deutsch, und Integrationsklassen sind hier auf dem Dorf unbekannt. Kontakt hat Hatice während der Schulzeit nur mit den anderen türkischen Kindern, mit denen sie sich in ihrer Muttersprache verständigen kann.

„Ich hab' fast vier Jahre in der Schule kein Wort gesprochen. Die Lehrerin hat mich manchmal nach vorne geholt, aber ich hab' nichts gesagt. Ich hab' mich nicht getraut. Ich hatte einen hohen Anspruch an mich, wenn ich was sage, dann will ich das richtig sagen, ich will nicht, daß jemand mich auslacht."

Hatice schafft trotz ihres Schweigens den Hauptschulabschluß. Anschließend beginnt sie eine Lehre als Näherin. Die anderen türkischen Frauen, die in ihrem Betrieb arbeiten, sind überwiegend älter als Hatice. Keine von ihnen kann besser Deutsch als sie. Und so traut sie sich hier zum ersten Mal, die neue Sprache zu sprechen. Sie lernt dabei auch gleichaltrige deutsche Mädchen kennen und freundet sich mit einigen von ihnen an. Zum ersten Mal wird sie zu Deutschen nach Hause eingeladen. Als sie kommt, will die Familie gerade in der Küche zu Abend essen. Hatice soll solange im Wohnzimmer warten. Mit rotglühendem Kopf sitzt sie dort auf dem Sofa und grübelt darüber nach, was sie wohl falsch gemacht hat. Aus der Küche hört sie das Klacken der Bestecke. Warum hat man sie nicht an den Tisch gebeten? Hatice schämt sich, nicht nur weil sie im Wohnzimmer auf dem Sofa sitzen gelassen wird, sondern auch für diese deutsche Familie, die offenbar nicht weiß, wie man sich Gästen gegenüber benimmt. Erst gibt man doch dem Besuch zu essen! Auch wenn man selbst kaum etwas hat. Und diese Familie ist offenbar noch nicht mal arm! Hatice beginnt daran zu zweifeln, ob die Deutschen wirklich alles besser machen.

Hatice lernt auch deutsche Jungen kennen. Die scheinen sich eher für sie zu interessieren als die türkischen Altersgenossen. Denen, so vermutet die Siebzehnjährige, ist sie wohl zu dünn. Die Deutschen scheint das nicht so zu stören. Hatice leidet darunter, daß sie nicht nur schmal und flachbrüstig ist, sondern zu allem Überfluß auch noch Pickel hat. Denn sie interessiert sich sehr wohl für Männer. Die Mutter sieht das gar nicht gern. Mittlerweile hat sie all ihre Töchter nach Deutschland geholt. Vier Mädchen, und die Jungs stolzieren draußen herum wie die Gockel! Sie schärft Hatice und ihren Schwestern ein, daß ein Freund oder gar Sex vor der Ehe nicht in Frage kommt. „Du sollst eher sterben, als daß dein Name in aller Munde ist", sagt sie zu Hatice. Sterben möchte Hatice nicht, aber sie würde schon gern erfahren, wie das ist, einen Mann zu küssen. Da ihre Mutter ihr trotz aller Strenge eine Menge Freiheiten läßt, hat sie Gelegenheit, das auszuprobieren.

„Während der Lehre habe ich einen Jungen kennengelernt. Wir haben uns zweimal geküßt, aber das war es dann auch. Das erste Mal fand ich das überhaupt nicht schön. Wie er mir die Zunge in den Mund gesteckt hat. Das fand ich eklig. Das war auch sehr intim. Jungs sabbern auch so. Ich hatte dann noch einen Freund, aber das war auch nicht so schön. Ich war sehr unsicher, hatte immer das Gefühl, ich kann nicht zeigen, was ich will, und klarmachen, was ich nicht will. Ich dachte mir, das, was die machen, ist richtig. Ich hab' mich nicht getraut, nein zu sagen, wenn er mich angefaßt hat."

Parallel zu ihren ersten Verabredungen mit Jungen macht Hatice auch noch ganz andere erotische Erfahrungen: mit Yüksel, ihrer besten Freundin. Die ist so hübsch, daß ihre Mutter Hatice bittet, doch ein wenig auf ihre Tochter aufzupassen. Was Hatice gern tut. Bald treffen sie sich jeden Tag, um gemeinsam Hausaufgaben zu machen. Dann gibt es diese Spiele. Stets fangen sie damit an, daß sich die Mädchen die Klamotten der großen Schwestern stibitzen, um sich zu verkleiden. Große Damen sind sie dann, Fürstinnen oder Filmstars. Dann ziehen sie sich gegenseitig aus, und es ist eigentlich klar, was passieren wird, und doch immer wieder neu. Hatice ist jedesmal von Yüksels großen Brüsten begeistert. Die sie anfassen darf. Die sich gegen ihre Brüste drängen. Sie erzählen niemandem von diesen gemeinsamen Nachmittagen. Und beide sind sich sicher, daß sie so bald nicht heiraten wollen.

Yüksel ist bis heute bei diesem Entschluß geblieben. Sie hat nie geheiratet. Hatice dagegen sucht mit zunehmendem Alter nach einer Fluchtmöglichkeit. Ihre älteren Schwestern sind mittlerweile alle fort. Zwei sind verheiratet und mit ihren Männern weggezogen, eine zurück in die Türkei, die andere nach

Dortmund. Die dritte Schwester studiert in München. Hatice ist mit ihrer Mutter in dem kleinen Dorf übriggeblieben. Und die Mutter ist nicht mehr die stolze, emanzipierte Frau aus Hatices Kindheit. Hatte sie damals noch überwiegend Kontakt zu „studierten Leuten" und ein lebhaftes Interesse an Literatur und Politik, scheint sich hier in Deutschland ihr Gesichtskreis deutlich verengt zu haben. Ihre Bekannten und Freundinnen in der fränkischen Immigration haben ganz andere Interessen als die Freunde zu Hause. Und sie haben andere Wertvorstellungen. Ihnen reichen die Arbeit in der Fabrik, der Traum vom großen Auto, der Kontakt mit ihren Landsleuten und der sechswöchige Heimaturlaub während der Sommerferien. Ihre Auseinandersetzung mit der deutschen Kultur beschränkt sich auf ein Minimum. Die meisten von ihnen sind sich sicher, daß sie im Alter in die Türkei zurückkehren werden. Ihre Mädchen sollen nicht das Abitur machen oder gar studieren, sondern möglichst bald in der Fabrik Geld verdienen und sich ansonsten für die zukünftigen Gatten bereithalten.

Hatice und ihre Mutter streiten viel. Wohl auch, weil die Mutter in die Wechseljahre gekommen ist, sich in Deutschland noch immer fremd fühlt und jetzt häufig sehr niedergeschlagen und gereizt ist. Hatice auf der anderen Seite fühlt sich in dem Nest gefangengehalten. Außerdem ist ihr längst klargeworden, daß sie mehr will, als nur Näherin zu sein. Insgeheim macht sie ihrer Mutter Vorwürfe, daß diese sie nicht mehr gedrängt und gefördert hat. Auch sonst gehen ihre Vorstellungen häufig auseinander. So macht Hatice sich laut Gedanken über die Institution Ehe. „Man kann doch nicht zwanzig Jahre mit einem Mann verheiratet sein und ihn immer noch lieben. Das geht doch gar nicht." Doch die Mutter, die selbst stets allein klargekommen ist und bereits eine ihrer Töchter bei deren Scheidung tatkräftig unterstützt hat, will solch aufmüpfige Worte aus dem Munde ihrer Jüngsten nicht hören. Sie reagiert entsprechend schroff. „Sei still, so was sagt man nicht!"

Trotz aller Skepsis gegenüber der Ehe kommt Hatice der Mann, der sieben Jahre älter ist als sie und den sie über einen Verwandten kennenlernt, gerade recht. Er ist als Tourist in Deutschland und möchte gern bleiben. Auch für ihn wäre eine Heirat die günstigste Lösung. Sein Onkel in Frankfurt hat schon alles vorbereitet. Dorthin könnten sie ziehen, dort würde Bekir Arbeit finden. Hatice ist von diesem Mann fasziniert. Er wiederum hat ein Faible für schlanke Frauen. Eine große Hochzeit gibt es gegen alle türkischen Traditionen nicht. Der Bund wird ganz ohne Aufwand auf dem türkischen Konsulat besiegelt. Dann packt Hatice ihre Sachen und zieht mit Bekir nach Frankfurt. Sie findet eine Arbeit als Näherin. Parallel dazu nimmt sie auf dem zweiten Bildungsweg ihren Realschulabschluß in Angriff. Da Bekir erst einmal keine Arbeitsgenehmigung erhält und auch später mangels Sprachkenntnissen nur wenige Erwerbsmöglichkeiten hat, ist das Geld oft knapp. Doch schlimmer noch als ihre ökonomische Lage sind die ständigen Streitereien. Hatice glaubt ihren Ohren nicht zu trauen, als sie zum ersten Mal in ihrer neuen Wohnung sitzen und Bekir plötzlich sagt: „Hol mir Wasser!"

„Ich bin anders aufgewachsen. Ich bin nicht mit Männern aufgewachsen. Und die in meiner Familie, die hab' ich nie als dominant erlebt. Meine Onkel im Dorf, das waren tolle Männer. Ich sag' also zu meinem Mann: „Warum soll ich dir das holen? Hol dir doch dein Wasser selber!" Er war völlig aufgebracht. Dann kam raus, daß er trinkt. Er war Quartalssäufer. Wenn er betrunken war, wollte er streiten, es gab dann auch Gewalt. Er hat auch geschlagen, die Wohnungseinrichtung zertrümmert, solche Sachen. Ich hab' wie unter Schock gelebt. Er hat mich auch regelmäßig runtergemacht, hat gesagt, türkische Mädchen, die hier aufgewachsen sind, sind nicht ehrenhaft. Bekir hat mich runtergemacht, und ich hab' angefangen, an mir selber zu zweifeln, obwohl ich damals eigentlich schon sehr selbständig im Denken war. Er hat mich für sein Saufen verantwortlich gemacht, bis ich später dachte, typisches Suchtverhalten, alle anderen sind schuld. Aber damals hab' ich das geglaubt. Das Schlimme war, daß ich den Absprung nicht geschafft habe. Meine Mutter und meine Schwestern haben auf mich eingeredet, ich soll ihn verlassen. Alle meine Schwestern haben sich von ihren Männern getrennt. In unserer Familie war nie das Denken, wenn man heiratet, dann muß man aushalten. Bei mir war das auch so eine Art Stolz, ich wollte und konnte den anderen nicht recht geben. Nach einem halben Jahr Ehe war mir klar, daß ich irgendwann mal allein leben würde. Ich denke, das hatte ich von meiner Mutter. Daß ich gesehen habe, daß es möglich ist. Meine Mutter hat vier Töchter großgezogen, und aus uns allen ist was geworden. Wir sind selbständig, verdienen unser Geld. Aber ich wollte den Zeitpunkt selbst festlegen. Außerdem hatte ich auch Angst vor ihm, er hat gesagt, er würde meiner Familie was antun. In manchen Phasen war die Ehe mit ihm auch gut. Ich hab' das nicht auf alle Männer übertragen. Meine Onkel hätten ihre Frauen niemals geschlagen. Das wäre im Dorf auch gar nicht möglich gewesen. Ein Mann, der seine Frau schlägt, ist dort einfach kein Mann."

Nicht nur das Verhalten des eigenen Gatten ist Hatice fremd, auch seine türkischen Bekannten findet sie eher merkwürdig. Wenn sie gemeinsam Leute besuchen, soll auf einmal alles getrennt sein. Die Frauen reden unter sich über Haushalt und Kinder, die Männer diskutieren über Politik. Hatice interessiert sich nicht für Backrezepte und Babynahrung. Aber sie liest regelmäßig deutsche und türkische Zeitungen. Und kriegt mit mindestens einem halben Ohr mit, daß die Männer, die mit großen Gesten Regierungen stürzen und Weltprobleme lösen, nicht selten schlecht informiert sind. Dann gibt es für sie kein Halten mehr. Nicht nur die anderen Frauen gucken erschrocken. So etwas haben sie noch nie erlebt. Daß eine Frau das Wort erhebt, um den Männern klarzumachen, daß sie dummes Zeug reden. Hatice wird daraufhin aus dem Kreis der Backrezepte ausgeschlossen. Was sie gar nicht mal traurig findet. Die Männer setzen sich wohl oder übel mit ihr auseinander. Und die Reaktionen des eigenen Gatten schwanken zwischen Entsetzen und Stolz. Nur manchmal ermahnt er sie vor einem Besuch: „Bitte mach in dieser Familie deinen Mund nicht ganz so weit auf!"

Wenn Bekir in der entsprechenden Laune ist, kann er auch sehr nett sein. Und er ist ein guter Liebhaber. Das ist die angenehme Seite ihrer Ehe. Zärtlich, vorsichtig, raffiniert und stets darum bemüht, daß auch seine Frau zum Höhepunkt kommt. Hatice hat mittlerweile ziemlich klare Vorstellungen davon, was sie mag und was sie nicht mag. Und was sie will. Wie sich ein Orgasmus anfühlt, hat sie bereits in jüngeren Jahren für sich herausgefunden. Sie genießt es, mit Bekir Sex zu haben. Jedesmal ist es etwas Besonderes für sie. Wenn sie keine Lust hat, blockt sie ab. Was immer dann der Fall ist, wenn sie gestritten haben. Bekir traut sich nicht, sie dann zu drängen.

Mit einundzwanzig wird Hatice schwanger. Ein paar Tage spielt sie mit dem Gedanken abzutreiben. Denn ihr ist längst klar, daß sie Bekir verlassen wird. Doch dann entscheidet sie sich für das Kind, beginnt, all ihre Hoffnungen auf den Embryo zu projizieren. Daß alles besser wird mit Kind. Daß sich Bekirs Verhalten mit der Schwangerschaft und Geburt verändern wird. Es ändert sich nicht. Auch dann nicht, als Hatice ein zweites Mal schwanger wird. Diesmal halten die beiden älteren Schwestern, die noch in Deutschland leben, Rat. Und fädeln die nötigen Schritte ein, um eine Abtreibung zu ermöglichen. Hatice ist klar, daß jedes weitere Kind ihre Abhängigkeit nur noch vergrößern wird. Sie besucht Fatma, ihre zweitälteste Schwester, die mittlerweile mit ihrem Mann in Köln lebt. Auf der Fahrt wird ihr klar, daß sie das nicht machen kann. Daß es ihr Kind ist. So kommt zwei Jahre nach Şukran denn auch Elif zur Welt. Danach hat Hatice nur noch selten Sex mit Bekir. Die Pille nimmt sie nicht, weil es ihr einfach nicht gelingt, regelmäßig daran zu denken. Alles in ihr sträubt sich dagegen, täglich Hormone zu schlucken. Bekir wiederum will keine Kondome benutzen. Statt dessen versucht er aufzupassen. Und Hatice wird zum dritten Mal schwanger. Diesmal läßt sie es wegmachen. Kurz darauf packt sie ihre Taschen.

Das neue Leben beginnt in Köln. Mit zwei kleinen Kindern und zwei großen Taschen. Aus dem alten Leben hat sie sich ein paar Prellungen und ein blaues Auge mitgebracht. Aber das sieht man schon kaum noch. Es läßt sich leicht hinter einer Sonnenbrille verstecken. Die Schwester findet das gar nicht lustig. Sie macht Hatice Mut. Weil Bekir Fatmas Adresse kennt und Hatice Angst hat, daß er sie dort aufspürt, zieht sie erst einmal ins Frauenhaus. Es fällt ihr schwer, das Chaos dort zu ertragen, ein ganzes Haus vollgestopft mit Frauen, von denen einige den ganzen Tag über kettenrauchend und apathisch in den Fernseher starren, und einem Haufen Kinder, die durch die Flure toben und schreien und den Frauen kaum eine ruhige Minute lassen. Auf der anderen Seite findet Hatice hier zum ersten Mal in ihrem Leben Frauen, die aus eigener Erfahrung wissen, wovon sie redet.

„Wir kamen ja alle aus einer ähnlichen Situation. Das war ein gutes Gefühl, nicht allein dazustehen. Ich hatte auch in Frankfurt Freundinnen. Aber bei Heterosexuellen ist das so doppelmoralisch. Ich wußte, daß auch andere Frauen ähnliche Probleme hatten wie ich. Aber keine wollte wirklich darüber reden. Wenn die einen Tag glücklich waren, sagten die: ‚Wir sind glücklich.' Aber die neunundzwanzig Tage Frust, die wurden nicht erwähnt. In einer solchen Situation bist du mit jedem kleinen Glück zufrieden. Außerdem, wenn du mit denen über dich redest, dann redest du auch immer über deine eigene Unfähigkeit. Da hab' ich mich dann auch zurückgenommen. Ich wollte auch gar nicht so genau wissen, warum ich das ertrage. Im Frauenhaus war es möglich, darüber zu reden. Da hat dann keine gesagt: ,Was hast du denn da mit dir machen lassen!' Da hatte ja jede ihre Scheiße zu laufen. Ich hab' mich im Frauenhaus dann persönlich wahnsinnig weiterentwickelt. Da waren auch andere Frauen aus der Türkei, und einige konnten kaum Deutsch. Da hab' ich ihnen dann geholfen, hab' Formulare mit ihnen ausgefüllt und sie bei Behördengängen begleitet. Das hat mir das Gefühl gegeben, daß ich was kann, daß ich gebraucht werde."

Auf diesem neuen Selbstbewußtsein baut Hatice erfolgreich weiter auf. Sie findet eine eigene Wohnung, erreicht die Scheidung, bekommt das Sorgerecht. Zu ihrem Erstaunen kommt von Bekirs Seite kaum Widerstand. Er willigt in die Scheidung ein und ist offenbar froh, wenig später in die Türkei zurückkehren zu können. Das Wichtigste aber ist der neue Job. In einem Stadtteilzentrum findet Hatice Arbeit als Beraterin für türkische Frauen. Dreißig Stunden in der Woche ist sie dort, an zwei Tagen besucht sie die Fachschule für Sozialarbeit. Für die Kinder findet Hatice Plätze in einer Kindertagesstätte. Ihre Lust auf Männer beschränkt sich auf erotische Phantasien. Für reale Männer ist in ihrem Leben während dieser Phase kein Platz. Außerdem wüßte Hatice auch gar nicht, wie sie einen Mann kennenlernen sollte. Manchmal erzählen ihr Freundinnen, wie sie von Männern angesprochen worden sind, in der U-Bahn, beim Einkaufen, auf der Straße. Was Hatice reichlich wundert. „Mir passiert das nie." Sie ist auch ein wenig stolz darauf. Sie ist eine schöne Frau, aber eben keine, die ein Mann so einfach anspricht. Nach zwei Jahren hat auch sie Verehrer. Mit einem von ihnen trifft sie sich.

In einer Bar erzählt er ihr von seinem eigenen Laden. Was er alles aufgebaut hat. Was er alles kann. Und er macht ihr Komplimente. Und wirft ihr Blicke zu. Und alles ist so offensichtlich, daß Hatice innerlich lachen muß. Das Programm „Wie krieg' ich diese Frau ins Bett?" läuft. Sie versucht, für sich vorherzusagen, was er wohl als nächstes sagen oder tun wird. Die Trefferquote ist relativ hoch. Sie fühlt sich an die pubertierenden Jungs ihrer Jugend erinnert. Als er sie noch auf einen Kaffee in seine Wohnung einlädt, lehnt sie dankend ab. Sie lacht jetzt häufig über Männer. Gleichzeitig verändert sich ihr Blick auf Frauen.

„Ich denke, das war, weil ich viel mit Frauen zusammen war. Ich fand Frauen auf einmal attraktiver als Männer. Und hab' plötzlich eine Nähe erlebt, die sehr schön war. Ich hab' dann viel mehr auch auf den Körper von Frauen geachtet, auf ihre Reize. Ich hab' immer schon Männer und Frauen beobachtet. Mir ist früher schon aufgefallen, daß ich manche Frauen sehr schön fand. Ich weiß noch, in Frankfurt auf der Schule, da war eine Frau, die war wunderschön. Alle Männer haben sie begehrt. Und ich war rasend eifersüchtig auf diese Männer. Ich fand es blöd, daß die sie angemacht haben. Ich merkte, ich hätte das auch gern, daß sie mit mir flirtet. Dann in Köln konnte ich mir auch Körperlichkeiten vorstellen. Im Frauenhaus waren lesbische Mitarbeiterinnen. Mit denen bin ich dann auch in die Disco gegangen."

Hatice empfindet es als wohltuend, ausschließlich unter Frauen zu sein. Mit ihnen zu tanzen und herumzualbern. Ohne von Männeraugen verfolgt zu werden. Daß sie auch in der Lesbendisco durchaus Interesse erweckt, merkt sie erst einmal nicht. Vielleicht auch deshalb, weil sie sich selbst eine Frau ausgeguckt hat, mit der sie sich so einiges vorstellen könnte. Hatice denkt an diese Frau, Hatice träumt von dieser Frau, aber sie traut sich nicht, ihr das auch zu sagen. Schließlich ist die andere eine gestandene Lesbe. Sie selbst dagegen – weiß doch gar nichts, weiß doch nicht, was sie machen soll mit einer Frau! Bis eine ihrer Verehrerinnen ihr deutliche Avancen macht. Und Ha-

tice ihnen nachgibt, obwohl sie doch eigentlich die andere ...
Aus der Affäre wird nicht so recht was. Wohl auch, weil in Hatices Kopf eigentlich eine andere Frau herumspukt. Aber auch, weil Hatice Angst hat, etwas falsch zu machen. Und dabei ganz steif und unnahbar wird. Das wird auch dann nicht anders, als Hatice endlich die Frau ihrer Träume erobern kann. Obwohl sie voller Sehnsucht ist, geht auch mit dieser Frau im Bett einiges schief. Hatice hat das Gefühl, die Zeichen nicht richtig zu verstehen. Bei Männern war alles so eindeutig. Und jetzt? Sie ist es gewohnt, erobert zu werden, und sie weiß das zu genießen. Daß es mit Frauen auch noch eine andere Rolle gibt und daß die andere möglicherweise von ihr erwartet, diese zu erfüllen, verunsichert sie. Nicht nur die erste gemeinsame Nacht kommt ihr wie eine Prüfung vor. Und sie hat hinterher das Gefühl, den großen Lesbenorden am Band nicht gewonnen zu haben. Ihre neue Partnerin kann ihr die Furcht nicht nehmen, im Gegenteil. Denn sie wiederum hat Angst vor Nähe und zu vielen Gefühlen. Also blockt sie Hatices Zuneigung immer wieder ab. Taucht ab und taucht wieder auf. Wirft das Röllchen weg und will es wiederhaben. Bis Hatice die Nase voll hat. Schließlich hat sie noch zwei Kinder und einen Job. Und das ist anstrengend genug!

Etliche andere deutsche Frauen gehen ihr reichlich auf den Geist. Eine meint ihr ein Kompliment zu machen, wenn sie sagt, daß Hatice gar nicht wie eine Türkin aussehe, sondern eher wie eine Italienerin. Eine andere beharrt darauf, daß es für sie als Türkin doch besonders schwer sein müsse, lesbisch zu sein. Eine dritte will unbedingt wissen, wie denn die Familie darauf reagiere.

„Die haben selber genug Probleme mit ihren Familien, aber bei mir machen sie dann ein Riesending draus. Dabei lebte meine Familie noch nicht mal hier in Köln. Außer meine Schwester, und das war kein Problem. Ich hab' über mein Lesbischsein gar nicht so nachgedacht. Vielleicht ist das auch sehr deutsch, alles analysieren zu wollen, sich ständig zu fragen: Was passiert jetzt mit mir? Ich dachte nur, jetzt ist es so, jetzt muß ich gucken. Außerdem hatte ich ja bereits einen heterosexuellen Hintergrund und zwei Kinder als sichtbaren Beweis dafür."

Petra macht keine von diesen blöden Bemerkungen. Und Petra versucht, Hatices Aufmerksamkeit zu erregen. Ein halbes Jahr lang. Doch Hatice merkt erst mal nichts davon. Dabei kann sie wunderbar mit dieser Frau reden. Einmal kochen sie sogar zusammen, und dabei lachen sie viel, und Hatice fühlt sich angenehm entspannt. Und Elif, mittlerweile sechs Jahre alt, sagt: „Die Frau ist nett", nachdem Petra gegangen ist. Und Hatice freut sich jedesmal, wenn das Telefon klingelt und Petra am anderen Ende der Leitung ist. Und sie überlegt lange, welchen Kuchen sie ihr zum Geburtstag backen soll. Als sie sich endlich küssen, haut es sie fast um.

„Der Anfang war sehr erotisch, wir haben viel miteinander gevögelt, es war sehr lustvoll. Nach einem halben Jahr sind wir zueinander auf Distanz gegangen, haben uns zwar regelmäßig gesehen, hatten aber keinen Sex mehr miteinander. Warum das so war, ist mir bis heute nicht so ganz klargeworden. Dann, nach drei Monaten, sind wir plötzlich wieder neu füreinander entflammt, und das war ganz toll. Da haben wir die Sexualität noch mal neu füreinander entdeckt. Da konnten wir auch über Sex reden. Auch darüber lachen. Und wir konnten uns einander ausliefern. Das war sehr reizvoll, sowohl in der aktiven, als auch in der passiven Rolle."

Hatice und Petra bleiben zusammen. Şukran, die ältere Tochter, reagiert eifersüchtig. Die mittlerweile Neunjährige hat Angst, ihre Mutter an die andere Frau zu verlieren. Besonders wütend wird sie, wenn sie sowieso Streit mit Hatice hat und hinterher Petra kommt. Und sich die beiden erwachsenen Frauen auf einer ganz anderen Ebene verständigen können. Dann sind da auch noch die Freundinnen in der Schule. Şukran erzählt lieber nicht, daß ihre Mutter mit einer Frau zusammen ist. Sie will nicht, daß die anderen sich über sie lustig machen. Die Angst vergrößert sich noch, als Şukran älter wird und beginnt, sich für Jungs zu interessieren. Was soll sie denen von ihrer Mutter erzählen? „Die anderen haben eine richtige Familie", mault sie während einer ihrer zahlreichen Auseinandersetzungen mit Hatice. Die schluckt nur, atmet einmal tief durch und sagt nichts. Für sie gehört Petra zur Familie, zumal diese sich von Anfang an auch um die Kinder gekümmert hat. Aber die Tochter lebt in einer heterosexuellen Welt. In der Familien wie die ihre nicht vorkommen.

Für die Kleine ist es leichter. Sie ist fünf, als Petra zur Familie stößt. Und sie ist fasziniert von all den Dingen, die Petra basteln und reparieren kann. Und begeistert von den spannenden Sachen, die sie gemeinsam unternehmen. Für Elif wird Petra zu einer zweiten Mutter. Sie protestiert entsprechend lautstark, als Hatice sich nach sechs Jahren von Petra trennt. Weil es da eine andere Frau gibt. Mit der Hatice zwar keine Beziehung, dafür aber Sex haben will. Sechs Jahre sind eine lange Zeit. Da schleicht sich Gewohnheit ein. Die die Leidenschaft zu ersticken droht. Die Nacht zum Tag machen und sich trotzdem am nächsten Morgen frisch und wie neu geboren fühlen. Während der Arbeit die Erinnerungen an die letzte Ekstase im Morgengrauen. Dieses wohlige Schaudern, das Hatice bis in den Alltag begleitet. Die Vorfreude auf immer neue Entdeckungen. Die Neue gibt ihr all das. Während Petra ein Teil ihres Lebens geworden ist. Den sie nun meint herausreißen zu müssen. Um Petra nicht zu kränken. Denn eigentlich bestehen beide auf Monogamie.

Doch Elif hört nicht auf, nach Petra zu fragen. Wann sie mal wieder kommt. Wann sie gemeinsam etwas unternehmen können. Und auch die Mutter erkundigt sich am Telefon. „Geht es Petra gut?" Und dann sind da auf einmal all diese leeren Stellen in ihrem Leben, wo früher Petra hingehörte. Gespräche, die sie nicht mehr führen kann. Arme, in die sie nicht mehr flüchten kann. Die keine Neue ersetzen könnte. Hatice beginnt Petra zu vermissen. Die leidet sowieso. Nach drei Monaten versuchen sie einen Neuanfang. Der anderen geht Hatice seitdem lieber aus dem Weg.

„Mir war schon klar, daß ich mit der keine Beziehung will. Das paßte gar nicht. Petra ist eine Frau, die ich in meine Familie eingeführt habe. Das würde ich nicht mit allen machen. Besonders nicht die deutschen Frauen."

Mit denen hat Hatice bereits einige Erfahrungen gemacht. Da ist die Heterofreundin, die Hatice im Urlaub mit zu ihrer Familie nimmt. Und die Hatices Mutter, die Mitte der achtziger Jahre in die Türkei zurückgekehrt ist, als Gastgeschenk ein paar häßliche orange-braune Tischdeckchen vom Flohmarkt mitbringt. Die sich dann zwei Wochen lang von vorne bis hinten bedienen läßt. Und offenbar meint, daß das eben die typische türkische Gastfreundschaft ist.

Oder das unerfreuliche Zwischenspiel, als Hatices Mutter für drei Jahre bei ihr in Köln lebt, um ihr mit den Kindern zu helfen. Und Hatice mit Petra und den beiden Töchtern für zwei Wochen in die Türkei fährt. Während in Köln gerade ein Lesbentreffen stattfindet. Drei Frauen klingeln an Hatices Wohnungstür und nisten sich ein. Eine Woche lang. Hatices Mutter kocht, Hatices Mutter kauft ein. Das gebietet die Gastfreundschaft. Die drei Frauen tun keinen Handschlag. Als Hatice nach Hause kommt, liegt im Kühlschrank noch ein winziges Stück Käse. Das Geld der Mutter hat nicht für vier Personen gereicht. Die Mutter weint vor Verzweiflung. Petra stürmt als erstes los, um einzukaufen. Hatice kennt eine der drei Frauen. Aus einem Anti-Rassismus-Workshop. Petra war nie in einem Anti-Rassismus-Workshop. Sie macht die drei Damen später zur Sau.

Für Petra braucht Hatice sich nicht zu schämen. Sie geht mit offenen Augen durchs Leben und erfaßt von selbst, welches

Verhalten angemessen ist. Und ist erst einmal sehr vorsichtig, wenn sie sich anderen Menschen nähert. Und nimmt das, was sie vorfindet, ohne es ständig mit dem zu vergleichen, was sie kennt. Bei ihrem ersten Besuch in der Türkei hilft sie der Mutter bereits am ersten Abend, den Tisch abzuräumen. Morgens steht sie früh auf, um mit der Mutter Frühstück zu machen und dann noch mit ihr spazieren zu gehen, bis Hatice, die Langschläferin, auch aufgestanden ist. Regelmäßig denkt sie sich kleine Aufmerksamkeiten aus, die der Mutter wirklich Freude bereiten. Und reagiert mit Begeisterung auf die Kochkünste der Mutter. Die wiederum reagiert mit Begeisterung auf Petra.

Eigentlich würde Hatice ihrer Mutter gern sagen, was diese Frau wirklich für sie bedeutet. Sie nimmt es sich fest vor. Und wartet auf den richtigen Augenblick. Und wartet. Und wartet. Bis die Mutter sie fragt. Sie fragt auf ihre Art. „Sag mal, ist Petra ein Mann?" Hatice verschlägt es die Sprache. Wie ihre Mutter wohl darauf kommt? Klar, sie ist diejenige mit den zwei Kindern und den langen Haaren. Und Petra ist zweifellos recht butch. Aber so hat Hatice das bisher noch nicht gesehen. Eine Antwort fällt ihr in diesem Moment nicht ein.

Ein anderes Mal sagt die Mutter, Hatice solle vielleicht doch noch einmal heiraten. „Warum?" will diese wissen. „Damit du einen Mann hast, der dir schwere Sachen schleppt." Damit ist das Thema erledigt.

„Ich hab' immer Brüste vermißt ..."

(Susanne, 34 Jahre)

Yvonne ist eine Lichtgestalt. Sie trägt ihr blondes Haar lang und ist so schön, daß sich selbst die Jungen aus den höheren Klassen um ihre Gunst bemühen. Yvonne ist eine kleine Prinzessin, und das weiß sie auch. Susanne dagegen findet sich zu dick. Außerdem hat sie dieses Kassengestell auf der Nase, eine breite braune Hornfassung mit unverspiegelten Gläsern dick wie kleine Glasbausteine. Daß die Prinzessin gerade sie zu ihrer besten Freundin erwählt, kann sie nicht begreifen. Yvonne residiert in einem Schloß, ein umgebautes Bauernhaus mit eigenem Billardraum und einem Flügel, Dinge, die Susanne sonst nur aus dem Fernsehen kennt. Es gibt ein gemeinsames Lieblingsbuch, und es gibt ein Musikstück, das sie beide besonders gern mögen.

„Ich spiel' es nur für dich!" Yvonne klemmt sich auf den Klavierhocker. Sie haben Kerzen angezündet, weil es schon früh dunkel wird im Winter. Yvonne lächelt Susanne an und beginnt zu spielen. Chopin. Susanne hält die Luft an, so schön ist die Musik.

Schön ist es auch, sich gegenseitig die Haare zu kämmen, lachend und schwatzend Arm in Arm durch die Straßen der Kleinstadt zu schlendern oder aber die andere in den Armen zu halten, wenn diese traurig ist, und zu erleben, daß auch Prinzessinnen bisweilen ziemlich verzweifelt sein können, dies aber nur der besten Freundin anvertrauen. Und es ist schön, der Freundin bei den Hausaufgaben oder beim Lernen für eine Klassenarbeit helfen zu können. Weil Susanne und Yvonne es kaum aushalten, während der Schulstunden nicht miteinander zu reden, schieben sie eifrig sorgsam gefaltete Zettel hin und her, auf denen alles steht, was ihnen wichtig ist. Manchmal sind es kleine Liebeserklärungen. Hin und wieder ist auch die Rede vom Prinzen auf einem weißen Pferd und daß er vielleicht irgendwann eine Rolle spielen wird, niemals aber ohne die ausdrückliche Erlaubnis der besten Freundin. Die ist fast immer da, manchmal auch nachts im selben Bett, rutscht dann rüber und schmiegt sich an, ganz warmer Atem und Weichheit.

Bis Yvonnes Mutter Susanne ins Gästezimmer verbannt. Susanne versteht nicht warum, weiß nur, daß sie und Yvonne nichts Verbotenes getan haben. Sie ist gekränkt, aber was kann sie schon machen? Zu sich nach Hause kann sie Yvonne nicht mitnehmen. Denn das kleine Häusle ihrer Eltern ist eine Burg. Da schützt sich die Familie vor der fremden Welt, und spätestens abends werden die Tore zugemacht. Außerdem ist das auch kein Ort für Yvonne. Zweimal hat Susanne die Freundin mitgebracht, und die hat komisch geguckt. Weil Susannes Eltern die Brote nicht vom Teller, sondern direkt von der Wachstuchtischdecke gegessen haben. Weil es unter den Tassen keine Untertassen gab. Kein Ort für eine Prinzessin. Susanne schämt sich und schämt sich nicht. Immerhin essen bei ihnen zu Hause alle zusammen an einem Tisch und reden über die Dinge, die sie tagsüber erlebt haben. Yvonne und ihre Geschwister dagegen essen oft ohne ihre Eltern. Außerdem gibt es da zu den Nudeln Ketchup und keine richtige Tomatensoße. Das findet Susanne nicht in Ordnung. In ihrer Familie ist der Vater für die Tomatensoße zuständig. Er kocht sie jeden Samstag zusammen mit Spaghetti. Die Geschichte dazu mag Susanne immer wieder hören. Wie der Vater und die Mutter geheiratet haben und er so arm war, daß er kaum mehr als eine Packung Spaghetti und ein paar Dosen Tomatenmark in die Ehe miteinbringen konnte. Seitdem gibt es dieses Essen bei ihnen jeden Samstag. Susanne fühlt sich geborgen in dieser Welt aus festen Ritualen und Regeln, auch wenn sie sich manchmal an der Strenge stößt, mit der die Mutter die Abschottung nach außen betreibt. Eines der mütterlichen Gebote lautet, daß nichts von dem, was die Familie am Tisch bespricht, nach draußen dringen soll. Als Susanne und ihr Bruder Markus noch klein sind, will die Mutter nicht, daß die beiden allzu häufig mit den anderen Kindern draußen spielen. Sie sollen miteinander spielen, findet sie. Da ist Susanne allerdings anderer Meinung. Schon allein, weil es reichlich blöd ist, als Indianerhäuptling einen Ein-Mann-Stamm anzuführen. Schon früh riskiert Susanne hin und wieder ein Widerwort. Ihr Bruder dagegen ist weniger vorlaut. Er ist zwar ein Jahr älter als Susanne, aber ruhiger und braver. Zu Fasching träumt Susanne davon, eine wilde Zigeunerin zu sein. Sie besorgt sich eine schwarze Perücke, läßt sich von ihrer Mutter die Augen schwarz schminken und rennt los mit ihren bunten Tüchern und Ketten, um gemeinsam mit den anderen die Dämonen des Winters zu vertreiben. Allein – Ungeheuer kommen manchmal nachts wieder. Und dann kann weder die Nähe des Vaters noch des Bruders etwas ausrichten. Diese Monster verschwinden nur in den Armen der Mutter. Dorthin flüchtet sich die wilde und furchtlose Zigeunerin, wenn sie nachts Alpträume hat.

Der Vater dagegen taugt vor allem für Späße. „Du kommst nach mir", sagt er manchmal zu Susanne, und dann sind beide ziemlich stolz. Manchmal tollen sie herum, wenn er abends vom Bau kommt. Die Mutter ist nur ganz selten so ausgelassen. Was vielleicht auch daran liegt, daß sie häufig in jeder Hand eine schwere Einkaufstasche trägt, wenn sie von der Arbeit in der Wäscherei nach Hause kommt. Und natürlich lastet die Hausarbeit überwiegend auf ihren Schultern, auch wenn ihr Mann und die Kinder ihr helfen. Aber es fällt eben eine Menge an, wenn kein Geld für eine Waschmaschine da ist und außerdem noch der Garten bestellt und Gemüse für den Winter eingekocht werden muß. Die Mutter ist die Hüterin der Häusleburg. Der Vater

geht auch mal aus. Er hat seinen Kegelclub und seinen Gesangs-
verein.

Schnell haben Susanne und ihr Bruder herausgefunden, daß
es leichter ist, dem Vater eine Erlaubnis abzuringen. Und wenn
er einmal ja gesagt hat, kann die Mutter natürlich schwer nein
sagen. Mit Hilfe des Vaters erobert sich Susanne die Außenwelt.
Mit Hilfe des Vaters darf sie schließlich bei anderen Mädchen
spielen und hin und wieder auch bei Freundinnen übernachten.
Obwohl sie ihren Bruder mag, ist sie froh, endlich mit Mädchen
spielen zu können. Die phantasievollen Rollen- und Verklei-
dungsspiele, die mit ihnen möglich sind, findet Susanne viel
interessanter als die Autos und Baukästen ihres Bruders. Vorstellungen aus anderen Welten und Anregungen, diese nachzu-
spielen, entdeckt Susanne bald in Büchern. Kaum daß sie Lesen
gelernt hat, trägt Susanne nach Hause, was die Kinderabteilung
der mobilen Leihbibliothek hergibt. Anders als ihre Eltern entwickelt Susanne ein leidenschaftliches Interesse für Bücher.
Schon früh arbeitet sie sich von den Kinderbüchern zu den Wer-
ken für Erwachsene vor. Nachts liegt die Pubertierende manchmal stundenlang wach und versucht zu begreifen, was das bedeutet: die Unendlichkeit des Raumes und der Zeit. Der Tod.
Irgendwann stößt sie auf ein Buch von Nietzsche. Zwar versteht
sie nicht wirklich, was sie da liest. Aber sie ist davon fasziniert.
Yvonne kann sie diese Faszination mitteilen, kann ihre eigenen
Gedanken mit der besten Freundin weiterspinnen. Sie kommen
sich jetzt mit fünfzehn bereits ziemlich erwachsen vor, wie sie
da sitzen, in dem Kleinstadt-Café mit Spitzendeckchen und Sei-
denblumengestecken und über einer Tasse dampfendem Kakao
laut über den Sinn des Lebens nachdenken. „Das Leben ist vielleicht wie heiße Schokolade mit Sahne, erst ganz süß und dann,
je tiefer man dringt, desto dunkler und bitterer wird es." Das
sind Yvonnes Worte oder auch Susannes, das ist egal, denn ihre
wesentlichen Erkenntnisse gewinnen sie gemeinsam. Sie sind

ganz berauscht von diesem Bild, das sie zum Symbol für ihre Sicht auf die Welt machen.

These-Gruppe der katholischen Kirche. Ruhig nach innen lauschen auf der Suche nach Antworten. Susanne kann ihren eigenen Atem hören, und sie kann Yvonnes Atem neben sich hören. Natürlich war es wieder mal ihr Vater, dem sie die Erlaubnis abgerungen hat, zum Kirchentag in die Großstadt zu fahren. Obwohl sie noch nicht mal katholisch sind. Der Vater hat im Sessel gesessen und ein klein bißchen belustigt geguckt. „Na gut, wenn du da gern hin möchtest." Selbst die Mutter hatte keine Einwände. Kirche klang ja zumindest seriös, und teuer war es auch nicht. Es sind viele junge Leute dort, und die meisten beschäftigen sich mit ganz ähnlichen Themen wie Yvonne und Susanne. „Was ist Glück?" lautet die Frage auf einer Wandzeitung im Begegnungsraum. Yvonne hat eine Antwort. „Heiße Schokolade mit Susanne."

Warum das Glück eines Tages einfach vorbei sein soll, versteht Susanne nicht. Wochenlang heult sie sich die Augen aus, schreibt unzählige Briefe. Nicht der Prinz auf dem Schimmel ist gekommen, sondern eine andere Frau. Yvonne hat sich eine neue beste Freundin erwählt. Und die ist zu allem Überfluß noch in derselben Klasse wie Susanne und Yvonne. Susanne träumt noch jahrelang von der verlorenen Vertrauten. Und findet keine andere, die sich zur neuen besten Freundin eignen würde. Ihre anderen Klassenkameradinnen erlebt die mittlerweile Sechzehnjährige als eher langweilig. Nicht daß sie nicht auch mal gern einen Blick in Modezeitschriften wirft, aber erstens hat sie für schicke Klamotten kein Geld, und zweitens findet sie andere Themen spannender. Mit Jungs, so stellt sie bald fest, läßt sich wenigstens über Politik reden. Jungs eignen sich auch zum Knutschen. Susanne beginnt sich für Sex zu interessieren. Dummerweise haben die jungen Männer in ihrer Klasse sie vor allem als guten Kumpel schätzengelernt, mit dem man über Wehrdienstverweigerung und Atomkraftwerke diskutieren und bei dem man sich in Fällen von Liebeskummer ausheulen kann. In die Ecken der Partykeller und Jugendräume verschwinden sie dann allerdings mit den Mädchen, die lieber in Modeheften blättern.

Natürlich ist Susanne erst einmal fest davon überzeugt, daß die Jungen sie einfach nicht attraktiv finden. Dabei ist Susanne mit sechzehn keine unscheinbare Brillenschlange mehr. Denn der technische Fortschritt hat den Menschen Kontaktlinsen beschert. Zwar gibt es anfangs nur die harte Version, aber das ist immerhin eine Verbesserung. Und Susanne ist kurzsichtig genug, um die Linsen von der Kasse bezahlt zu bekommen. Eigentlich ist Susanne mittlerweile ziemlich attraktiv. Aber das hat sie selbst noch nicht so recht gemerkt. Sie schaut sich in der Kleinstadt nach einem Freund um. Und wird fündig. In einem Jugendtreff begegnet sie einer revolutionär-verruchten Kifferclique und einem ziemlich coolen Typen. Der läßt so schnell niemanden an sich rankommen. Was Susanne reizt. Sie verknallt sich in den Kleinstadt-Cowboy und wird seine Freundin. Sex zu haben erscheint ihr jetzt, wie das Tor zu einer anderen Welt aufzustoßen. Und sie ist neugierig. Was sie hinter dem Tor findet, erfüllt sie allerdings nicht unbedingt mit Begeisterung. Noch weniger begeistert ist Susannes Mutter. Die hat im Tagebuch ihrer Tochter geschnüffelt und dabei nicht nur erfahren, daß Susanne kifft, sondern auch, daß sie mit einem Mann schläft, daß sie sogar bei ihm übernachtet, statt wie behauptet, bei einer Freundin. Die Mutter kriegt einen Wutanfall. „Du Hure! Willst du dir dein ganzes Leben versauen? Die Männer wollen doch bloß das eine. Komm mir bloß nicht mit 'nem Kind hier an!" Die Mutter ist mit einundzwanzig schwanger geworden und im nachhinein ziemlich sicher, daß das ein paar Jahre zu früh war. Im aktuellen Fall ist die Aufregung allerdings unnötig. Der junge Mann hält sich nicht sehr lange, denn er ist nicht nur cool, sondern leider auch ziemlich blöd. Tiefsinnige Gespräche, wie Susanne sie mit Yvonne geführt hat, sind mit ihm ganz und gar nicht möglich. Sie lernt einen anderen jungen Mann kennen. Vorsichtshalber hat sie sich mittlerweile die Pille besorgt, die ihr zwar Pickel und einige zusätzliche Pfunde beschert, aber zumindest das Schreckgespenst, das die Mutter an die Wand gemalt hat, fernhält.

Vor einer Kleinstadt-Pizzeria: Zwei junge Frauen stehen auf der Straße und küssen sich. Erst sehr sachte, dann intensiver. Einen Augenblick nur. Dann trotten die beiden Frauen hinter ihren Freunden her, die vorausgegangen sind. Sie schlafen anschließend in getrennten Zimmern, jede gemeinsam mit ihrem Freund. Dann sehen sich die Frauen nicht mehr wieder. Erinnern kann sich Susanne nur an diesen einen Moment. Wie sich das angefühlt hat. Und wie sie weiche Knie bekommen hat. Und wie ihr Atem plötzlich schneller ging und sie gewünscht hat, daß der Moment nicht vorbei geht. Wie es zu dieser Szene gekommen ist, weiß sie nicht mehr.

„In dem Alter, so bis zwanzig, war ich ganz extrem auf der Suche nach der besten Freundin. Jemand wie Yvonne wiederzufinden. Jemand, zu dem ich Vertrauen haben kann, mit dem die für mich damals so wichtigen philosophischen Fragen beredet werden können. Und gleichzeitig hatte ich ganz viel Lust auf Sex. Ich war sehr neugierig darauf. Ich finde Sex bis heute sehr spannend. Ich hatte einen Haufen Männergeschichten. Das war ein Stück weit auch Trotz. Ich hab' gedacht, ich mach' das alles ganz anders als meine Mutter. Ich hab' gedacht, ich lasse mich nicht benutzen. Das war dann eigentlich ziemlich furchtbar. Ich war noch nicht soweit, zu erkennen, wann will ich wirklich etwas. In dieser Zeit bin ich schon auch von jungen Männern ausgenutzt worden. Da war ich nicht sehr glücklich. Außerdem war die Angst, schwanger zu werden, sehr groß. Die Pille mußte ich absetzen, weil ich sie nicht vertragen habe. Sex wurde eigentlich

erst richtig toll, als ich den Vater von meinem Sohn kennengelernt habe. Weil es da plötzlich stimmte."

Ein Adonis ist Jörg nicht gerade. Eigentlich gefallen Susanne
eher Männer mit vollen Haaren, einem breiten Kreuz und kräfti-
gen Armen. Bei Jörg zeigen sich bereits mit neunundzwanzig erste Lichtungen auf dem Kopf. Und an Kreuz und Armmuskeln
hat er auch nicht viel zu bieten. Also übersieht Susanne ihn erst
mal und schaut lieber seinen besten Freund an. Das ist im Orts-
verein der Grünen, in den sie, gemeinsam mit ihrem Bruder, gerade eingetreten ist. Aber bald fällt Susanne Jörgs Humor auf.
Zum erstenmal seit Jahren hat sie das Gefühl, mit einem Mann
über dieselben Sachen lachen zu können. Und dann gibt es einige Dinge, die die Neunzehnjährige beeindrucken. Daß Jörg mit
dem Studium schon fertig ist. Daß er nicht bei seinen Eltern,
sondern in einer Wohngemeinschaft lebt. Daß er eine Alterna-
tivzeitung macht und auch sonst politisch aktiv ist. Da, wo er
steht, will ich auch hin, denkt sie. Verliebt ist sie erst einmal
nicht in ihn. Denn eigentlich ist er rein äußerlich nicht ihr Typ.
Bis sie merkt, daß sie sich auf sein Lachen freut, wenn sie verabredet sind. Und er drängt sie nicht, wie die anderen vor ihm. Im
Gegenteil. „Laß uns lieber noch warten, bis wir uns besser kennen", sagt er, als sie einmal auf dem Bett liegen und sich küssen.
Als sie es schließlich doch tun, hat Susanne genug Vertrauen,
um es zu genießen. Zum ersten Mal erlebt sie gemeinsam mit
einem anderen Menschen einen Orgasmus. Daß Jörg dafür plä-
diert, das Licht anzulassen und sich gegenseitig anzuschauen
und zu erkunden, irritiert Susanne anfangs. Doch dann genießt
sie die Offenheit und die Möglichkeit, auch selbst aktiv zu werden. In Jörg findet sie endlich den Vertrauten, den sie so lange
gesucht hat. Sie diskutieren nächtelang, kleben heimlich Plaka-
te, organisieren gemeinsam Demonstrationen. Auf einem Feld-
weg bringt Jörg Susanne das Autofahren bei. Ein bißchen ist er
auch ihr großer Bruder. Mit ihm will ich zusammenbleiben,

114

denkt sie. Manchmal träumt sie von einem gemeinsamen Kind.

Das kommt dann früher, als ihr lieb ist. Die Mutter ist entsetzt. „Laß es wegmachen, du versaust dir dein ganzes Leben." Und auch Susanne wird es reichlich mulmig. Eigentlich wollte sie raus aus der Kleinstadt, studieren, vielleicht sogar nach Berlin. Berlin, die Stadt ihrer Träume, in die sie heimlich mit einer Freundin getrampt ist. Zwei Provinzmädels mit Tasche am Bahnhof Zoo, und wohin jetzt? Der Mythos Kreuzberg und eine U-Bahn-Linie, die mitten hineinführt. Straßenfest auf der Oranienstraße und ein netter junger Mann, der die beiden Mädels aus dem Süden unter seine Fittiche nimmt und ein paar Tage bei sich wohnen läßt. Susanne fühlt sich frei wie lange nicht und beschließt, dort will sie leben. Der Traum bleibt bestehen, bis Susanne schwanger ist. Abtreiben? In Susanne regt sich der Trotz. Schließlich, so denkt sie, kann sie auch mit Kind alles ganz anders machen als ihre Mutter. Und dann ist da auch noch Jörg, der sich gerade eine Kanzlei als Anwalt aufbaut. Er freut sich auf das Kind. „Klar machen wir das. Du gehst einen halben Tag an die Uni, ich arbeite einen halben Tag in der Kanzlei, das mit dem Kind teilen wir uns. Das klappt schon."

Als das Kind dann da ist, ist Jörg plötzlich kaum noch zu Hause. Denn ihm ist eingefallen, daß die neue Kanzlei den ganzen Mann fordert. Auch Susannes Arbeitskraft ist dort gefragt. Am Anfang fungiert sie als seine Sekretärin. Außerdem hat sie sich an der nächstgelegenen Uni eingeschrieben. Und dann ist da auch noch das Kind. Jörgs Mutter betreut Lukas, wenn Susanne ihre Vorlesungen und Seminare hat. Was dazu führt, daß Susanne sich ihr gegenüber verpflichtet fühlt. Zudem fühlt sich Susanne für den Haushalt verantwortlich. Denn schließlich lebt sie von dem Geld, das Jörg verdient.

Ein freier Abend in der Uni-Stadt. Jörg paßt auf Lukas auf, der mittlerweile ein Jahr alt ist. An diesem Abend geht Susanne nach dem Seminar auf ein Konzert. Sonst kriegt sie vom Uni-

Leben nur wenig mit. Rein ins Seminar, raus aus dem Seminar, noch schnell eingekauft und dann das Kind abholen. Doch an diesem Abend hat sie frei. Nach dem Konzert will sie noch ein Glas trinken. Warum sie gerade das Frauencafé ansteuert? Sie weiß es nicht oder will es nicht wissen. Und dann ist alles wie im Film. Die Frau neben ihr am Tresen spricht sie an und flirtet mit ihr. Und nimmt sie mit zu sich. Warum Susanne mitgeht? Sie weiß es nicht oder will es nicht wissen. Vielleicht weil sie neugierig ist. Wie es ist, mit einer Frau Sex zu haben. Es ist furchtbar, jedenfalls in jener Nacht. Die Frau ist geil, grob und befriedigt sich auf Susanne. „Eine Scheißtechnik hatte die", nennt Susanne das im nachhinein. Erst einmal jedenfalls ist sie froh, zu Jörg zurückzukehren.

Der läßt sich bald kaum noch zu Hause blicken. Die schlimmsten Befürchtungen der Mutter scheinen wahr zu werden. Susanne und Jörg streiten immer öfter. Auch der gemeinsame Umzug in eine Wohngemeinschaft schafft keine Abhilfe. Susanne sucht sich einen Fluchtpunkt. Der liegt in Berlin. Regelmäßig besucht sie dort eine gute Freundin, mal mit Kind, mal ohne. Und irgendwann steht eine Wohnung leer. Ein Zimmer, Außenklo, Wedding. Es soll ein Versuch sein, für ein halbes Jahr. „Egal, was passiert, ich will, daß du studierst", sagt Jörg und schickt regelmäßig Geld, nicht nur für das Kind. Susanne sucht sich einen Kinderladen für Lukas. Dort trifft sie andere alleinerziehende Mütter, eine Spezies, die in ihrer Heimat eher selten ist. Gemeinsam trinken die Frauen morgens Kaffee. Gemeinsam organisieren sie den Kochdienst und bauen Hochbetten. Und keine der Frauen züchtet Geranien. Und keine trägt Faltenröcke. Und keine redet ausschließlich über Kinder und Kochen. Und alle gehen hin und wieder aus. Die Kinder werden dann reihum untergebracht. Susanne atmet auf. Doch noch lauert das schlechte Gewissen in jeder Ecke ihrer Ein-Zimmer-Wohnung. Sie hat das Kind fortgerissen. Aus der natürlichen Umgebung, weg von den Omas, vom Vater. Susanne fährt anfangs häufig mit Lukas heim. Und zieht den Kopf ein, wenn ihre Mutter sie mit Vorwürfen überhäuft. Trotz aller Kritik beschließt Susanne, auch nach dem Probehalbjahr in Berlin zu bleiben. Sie schreibt sich an der Uni ein, jobbt nebenbei. Von Jörg trennt sie sich in Freundschaft. Er schickt ihr auch in den folgenden Jahren regelmäßig Geld. Susanne entdeckt in der Stadt ein ganz neues Gefühl der Freiheit. Niemand beobachtet sie mehr, niemand verurteilt sie, wenn sie das Kind abends bei Freundinnen unterbringt und allein ins Kino geht. Zum Glück fühlt auch Lukas sich bald wohl in Berlin. Das liegt nicht zuletzt an seiner Erzieherin im Kinderladen.

„So was hab' ich nie mehr erlebt. Sie hat es geschafft, Autorität zu sein, ohne jemals autoritär zu werden. Sie war immer die Anwältin der Kinder. Klar und gleichzeitig liebevoll hat sie ihnen Grenzen gesetzt. Sie hatte ganz klare Vorstellungen, wie soziales Leben funktionieren sollte, und hat den Kindern dadurch sehr viel Halt gegeben. Sie war recht burschikos und gleichzeitig selbst kindlich-kreativ. Und sie hat die Kinder geliebt. Es gab auch Kinder, die sehr schwierig waren, die schon aus mehreren Kindergärten rausgeflogen waren. Und Petra hat es geschafft, sie in wenigen Monaten zu integrieren. Ich fand die Frau ziemlich faszinierend. Später hat sie mir mal erzählt, daß sie mich auch toll fand. Ziemlich bald hab' ich mitbekommen, daß sie lesbisch ist. Wir sind dann Freundinnen geworden, und sie hat mich in die Berliner Lesbenszene eingeführt. Manchmal bin ich auch mit ihr und ihrer Freundin ausgegangen."

In einer Literaturwerkstatt lernt Susanne noch eine andere Frau kennen. Die Frau hat lange rote Haare und eine üppige Figur, die sie ganz selbstbewußt mit knallengen Leopardenleggins betont. Andrea verschlingt die Männer im Dutzend, um anschließend fröhlich-frivole Geschichten über ihre Abenteuer zu schreiben. Susanne und Andrea finden sich von Anfang an sympathisch. Als es während eines heiß-schwülen Nachmittages mitten während der Gruppenlesung zu gewittern anfängt, werfen die beiden sich einen Blick zu. Und stürmen nach draußen. Und tanzen wie zwei Verrückte durch den strömenden Regen, bis sie ganz naß sind. Sie schließen Freundschaft, besuchen sich gegenseitig.

Ein Abend im proletarisch-grauen Süden Berlins. Susanne und Andrea reden und lachen über Sex, über Männer, über Liebe. Es ist bereits spät. „Mensch", sagt Andrea und springt auf, „ich hab' da noch 'ne Cassette, die muß ich dir unbedingt vorspielen." Dann reißt sie alle Fenster weit auf. „Meine Nachbarn sollen schließlich auch etwas davon haben." Diese haben sich bereits mehrfach über Andreas abwechslungsreiches Liebesleben beschwert. Anonyme Zettel und direkte Beschimpfungen. Jetzt ertönt aus den Lautsprechern heftiges Atmen. Es wird schneller und immer heftiger und klingt reichlich lüstern. Die beiden Frauen lachen mit einem Blick auf die geöffneten Fenster. Danach fährt keine U-Bahn mehr. Lukas schläft bei einer Freundin, und Susanne bleibt bei Andrea. Sie liegen im Doppelbett nebeneinander. „Ich kann nicht einschlafen." „Ich auch nicht." Sie wälzen sich von einer Seite auf die andere und finden keine Ruhe. Bis Andrea die Hand ausstreckt und beginnt, Susanne zu streicheln. Und diese näher heranrückt, um die Zärtlichkeiten zu erwidern. Bald stöhnt Andrea mindestens so laut und lustvoll wie die Stimme aus dem Lautsprecher. Und auch Susanne hat das Gefühl abzuheben. Hinterher halten sie sich lachend in den Armen. „Das ist ein Ding. Wo wir doch beide gar nicht lesbisch sind!"

Es bleibt bei dieser einen Nacht mit Andrea. Nicht daß sich die beiden Frauen anschließend verlegen aus dem Weg gehen; es gibt nur keinen Anlaß, noch einmal miteinander ins Bett zu gehen. Mit Petra, der Frau aus dem Kinderladen, kommt es dazu nicht ein einziges Mal. Obwohl es hin und wieder ziemlich heftig zwischen den beiden knistert. Aber Petra hat eine feste Freundin und fühlt sich zur Treue verpflichtet. Ein einziges Mal werden sie sich küssen. Aber das ist bereits Jahre später und taugt als Schlußszene für einen *film noir*. Zwei Frauen gehen nachts über eine Spreebrücke, bleiben stehen und schauen übers Wasser. Die Luft ist leicht nebelig, das Licht der Straßenlaternen entsprechend verschwommen. Die eine Frau nimmt die Hand der anderen Frau und sieht ihr ins Gesicht. Dann küssen sie sich. Anschließend gehen sie gemeinsam und wortlos weiter, bis sich ihre Wege trennen. Abspann.

Doch vorher hat Susanne erst einmal einige richtige Affären. Die Frauen lernt sie in einer Lesbendisco kennen. Auf einem ihrer Ausflüge ins Nachtleben kommt Susanne gerade von der Toilette. Als ein Augenpaar sie anblickt. Und Susanne zurückschaut. Und sich Knall auf Fall verliebt. Sie verabreden sich zum Frühstück am nächsten Tag. Wie sich herausstellt, kommt die Frau aus Bremen. Es dauert ein paar Wochen, bis Susanne die Kinderbetreuung geregelt hat und sie für ein Wochenende besuchen kann. Als sie in Bremen ankommt, ist die Frau ganz reizend. Sie unterhalten sich prächtig. Nur Sex ist irgendwie nicht angesagt. Während Susanne bald platzt vor Verlangen, will die andere so gar nicht in Fahrt kommen. Es wird eine halbherzige, ziemlich lahme Nummer. Langsam kommen Susanne erste Zweifel an den Frauen.

Dann lernt sie in der Disco eine andere Frau kennen. Die flirtet heftig mit ihr. Da sie ohnehin den gleichen Heimweg haben, brechen sie gemeinsam auf. Eigentlich ist Susanne mit dem Fahrrad gekommen, aber das läßt sich auch schieben. Susanne lädt die Frau auf einen Tee ein. Sie reden und reden, leeren Tasse um Tasse. Bis die Besucherin genug Tee getrunken hat. „Also entweder wir gehen jetzt zusammen ins Bett, oder ich geh' nach Hause." Da ist es bereits vier Uhr morgens, und die Vöglein singen durch das offene Fenster. Susanne ist von soviel Direktheit erst einmal sprachlos. Dann fordert sie die Frau auf zu bleiben. Und verliert innerhalb einer Nacht alle Zweifel.

Dummerweise ist sie in die zweite Frau nicht verliebt. Und mit der ersten, in die sie nach wie vor verliebt ist, macht der Sex keinen Spaß. Nach ein paar Wochen der Zweigleisigkeit hat Susanne das Gefühl, in ein echtes Dilemma zu rutschen. Vorsichtshalber trennt sie sich von beiden. Kurz darauf tritt eine weitere Frau in Susannes Leben. Und mit Tina lassen sich Gefühl und sexuelle Lust zusammenbringen.

„Meine erste richtige Freundin hab' ich an der Uni kennengelernt. Gruppe feministische Theorie. Ich hab' dann von ihr geträumt. Sie stand nackt auf einem Felsen und hat mich zu sich gewinkt. Das war ja ziemlich eindeutig. Dann gingen wir mal spazieren, hielten Händchen, küßten uns. Das war dann eine sehr leidenschaftliche und intensive Beziehung. Und es gab viele kleine Zeichen, Aufmerksamkeiten, kleine Geschenke, die symbolischen Wert haben. Ich erzähl' von einem Kastanienbaum, und sie schenkt mir am nächsten Tag eine Kastanie. Dieses Bezugnehmen aufeinander, zusammen Musik hören, die eine von beiden entdeckt hat, sich gemeinsam begeistern. Das waren so viele Kleinigkeiten, die mir gutgetan haben. Daß sie zum Beispiel meine Hände sehr schön fand. Ich hab' vorher immer gedacht, die sind gar nicht weiblich, die sind nicht schön. Auf einmal paßte das, wie ich aussah. Auch die Begehrlichkeit, das paßte. Früher war das so das Gefühl, daß eine Seite von mir nie stattgefunden hat. Stattgefunden hatte begehrt werden, die Objektseite. Jetzt mit Frauen fand auf einmal auch die Seite des aktiven Begehrens statt. Ich habe nie einen Mann begehrt. Es war spannend zu merken, wenn einer mich begehrt hat, aber ich wollte nie einem an die Wäsche, um das mal so auszudrücken."

Vieles paßt auf einmal mit Tina, nur eines nicht: das Kind. Das findet die neue Freundin eher störend. Auch die starren zeitlichen Verbindlichkeiten innerhalb derer Susanne sich bewegen muß, passen Tina nicht ins Konzept. Warum will Susanne unbedingt morgens zur Uni rasen, wo sie doch gerade so schön zusammen frühstücken? Wieso muß sich Susanne um das kranke Kind kümmern, wo sie doch fest verabredet waren?

Ein Abend wie viele. Susanne und Tina sitzen in der Küche der mittlerweile angemieteten Zwei-Zimmer-Wohnung. Sie reden über ein Buch, das sie beide sehr bewegt. Da kommt klein Lukas rein. Er ist mittlerweile fünf. Klein Lukas reibt sich die Augen. „Mama, ich kann nicht schlafen." Und Susanne steht auf, nimmt den Kleinen an die Hand, bringt ihn ins Bett, streicht ihm übers Haar, liest ihm eine Geschichte vor, bis er endlich einschläft. Dann schleicht sie zurück in die Küche. Die Liebste ist bereits ein wenig vergrätzt, aber noch zu besänftigen. Die beiden reden weiter, küssen sich, verziehen sich in Susannes Zimmer. Kurz darauf geht die Tür auf. „Mama, ich hab' Durst." Und Susanne ordnet rasch die Kleider, steht auf, bringt Lukas erneut ins Bett und holt ihm etwas zu trinken. Susanne weiß, daß Kinder in diesem Alter sich häufig so verhalten. Tina weiß das nicht. Als Susanne wiederkommt, ist sie reichlich pampig. „Wenn du deinem Sohn sagst, er soll ins Bett gehen, hat er gefälligst dort zu bleiben und nicht ständig wieder aufzustehen!" faucht sie Susanne an. Diese findet das reichlich hart gegenüber ihrem geliebten Kind. Außerdem versucht sie ihrer Freundin klarzumachen, daß Anordnungen von Kindern nun einmal nicht immer so anstandslos befolgt werden, wie die Erwachsenen das gern hätten. Zumal wenn sie eifersüchtig sind. Doch Tina ist unversöhnlich. Und Susanne lernt die andere Seite ihrer intensiven Nähe kennen. Wer nah dran ist, kann tief schneiden. Eine von Tina schärfsten Waffen ist Susannes Vergangenheit. „Wer weiß, ob du wirklich zu uns gehörst", wirft sie ihr im Streit an den Kopf. „Du mit deinem Sohn und deinen Männergeschichten."

Und dann gerät Susanne ins Schleudern. Vielleicht hat Tina ja recht. Vielleicht ist sie wirklich nicht geeignet für ein Leben mit einer Frau. Zumal die Streitereien immer zermürbender und anstrengender werden. Und Susanne träumt davon, wie es wohl wäre, wenn Freundin und Sohn einander annehmen würden. Wenn sie ihr Leben als Mutter und Geliebte nicht sorgsam trennen müßte. Wenn die Freundin ihr vielleicht sogar etwas von ihrer Verantwortung abnehmen würde, statt ihr noch Vorwürfe zu machen.

Da steht sie, die junge Familie im Supermarkt. Der Vater hat die Kleine auf dem Arm und lacht. Die Mutter packt gute Sachen in den Korb. Da muß nicht jede Mark zweimal umgedreht werden. Oder das Paar auf dem Balkon gegenüber. Klar, daß beide, Mann und Frau, einen guten Job haben. Klar, daß sie sich die Hausarbeit teilen. Klar, daß es zudem eine Geschirrspülmaschine gibt und daß einmal die Woche eine Putzfrau kommt. Klar, daß die beiden Kinder im Kinderladen gut versorgt sind. Oder die junge Familie auf dem Spielplatz. Der Vater hält die Hand des Kleinen, der gerade zum ersten Mal die Rutsche runterrutscht. Die Mutter macht ein Foto. Die drei lachen. Sie gehören zusammen. Susanne ertappt sich dabei, wie sie hinstarrt. Und schluckt.

Die nächste Frau, in die Susanne sich verliebt, macht zumindest ein paar Versuche, etwas mit Lukas zu unternehmen. Doch die Annäherung gestaltet sich schwierig. Beate weiß so gar nichts über Kinder und findet nicht den richtigen Zugang. Außerdem hat sie sich schließlich in Susanne verliebt und nicht in Lukas. Und sie ist jung und will etwas erleben, statt abends mit Freundin und Kind zu Hause zu sitzen. Als sie Susanne näher kennenlernt, ist sie erst ziemlich schockiert darüber, daß da noch ein Kind dranhängt. Sie versucht, aus der Not eine Tugend zu machen. Doch Lukas merkt, daß er eher als Not betrachtet wird. Und verhält sich entsprechend störrisch. Beates Geduld ist bald aufgebraucht. Und dann gibt es noch diese Szene, die Susanne nicht vergessen kann. Wie sie mit Beate auf dem S-Bahnsteig steht und jede eine Hand von Lukas hält. Wie sie das Gefühl hat, daß die Leute sie komisch anstarren. Auch ihr Kind anstarren. Susanne will nicht, daß Lukas von solchen Blicken getroffen wird. Sie will auch nicht, daß er das Gefühl bekommt, nur ein Anhängsel ihres Liebeslebens zu sein. Deshalb beschließt sie, ihr Leben als Mutter und als Geliebte erneut fein säuberlich zu trennen. Und ein weiteres Mal kommt es zu heftigen Auseinandersetzungen und Eifersüchteleien auf allen Seiten. Susanne zieht die letzte Konsequenz. Sie trennt sich von Beate und beschließt, lieber allein mit ihrem Sohn zu leben.

Bis sie Thomas kennenlernt. Für den ist alles ganz einfach. „Mensch", sagt er, „natürlich gehört dein Kind dazu. Wenn ich mit dir etwas zu tun haben will, dann natürlich auch mit deinem Jungen." Und Thomas baut Legohäuser und erzählt Abenteuergeschichten. Lukas ist begeistert. Und Susanne läßt sich einfach fallen und hat zum ersten Mal seit Jahren das Gefühl, daß jemand sie auffängt. Susanne genießt es, abends nach einem anstrengenden Tag in seinen Armen zu liegen. Sie genießt es auch, mit Thomas Sex zu haben. Trotzdem steht sie bei der nächsten Christopher-Street-Day-Demonstration am Straßenrand und guckt. Und bekommt ein Flugblatt in die Hand. „Selbsthilfegruppe bisexuelle Frauen". Das bin ich, denkt Susanne, klar, ich bin bisexuell. Daheim bei ihren Eltern erzählt sie von ihrem neuen Freund. Die Mutter ist überglücklich, daß die Phase der „krankhaften Verirrung" vorüber ist. Sie war reichlich entsetzt gewesen, als Susanne von ihrer Verbindung mit einer Frau erzählt hatte. Der Vater hatte gelassener reagiert. „Ich mag Frauen auch gern, das kann ich verstehen."

Bei der Geschichte vom neuen Freund dagegen schüttelt er zweifelnd den Kopf. „Du wirst nie heiraten, Mädchen, da bist du nicht der Typ für." Diese Worte haken sich in Susanne fest. Und zumindest ihre Träume geben ihnen recht. Noch immer bevölkern Frauen ihre nächtlichen Phantasien. In die Lesbenszene traut sie sich allerdings nicht mehr. Schon allein weil sie Angst hat, dort schief angesehen und als Verräterin gebrandmarkt zu werden.

Mit Thomas wird es ziemlich bald langweilig. Ist Susanne anfangs noch froh, daß er sehr lieb zu ihr ist und für alles Verständnis hat, merkt sie bald, daß ihr die Reibefläche fehlt. Sie versucht sogar bewußt, Streit zu provozieren. Mann, schmeiß doch mal 'ne Tasse an die Wand oder so was, wünscht sie sich innerlich. Aber nichts dergleichen passiert. Statt dessen erntet sie für ihre Gemeinheiten einen Cockerspanielblick, den sie bald zu hassen lernt. Sie merkt, wie ihre Lust wächst, einfach draufzutreten. Und erschrickt vor sich selbst. Susannes Versuche, sich Thomas gegenüber verständlich zu machen, laufen ins Leere. „Ich könnte genausogut chinesisch sprechen!" brüllt sie. Was Thomas natürlich nicht versteht. Sicher, er ist sehr lieb. Aber er wird ihr niemals eine Kastanie mitbringen oder sich für ihr Lieblingslied begeistern können. Vielleicht ist das der Unterschied. Nach einem Jahr trennt Susanne sich. Ich will 'ne Frau, denkt sie, ich will 'ne Frau.

„Ich hab' halt immer noch Frauen hinterhergeguckt. Andere Männer haben mich nicht weiter interessiert. Ich hab' zwei Sorten von Männern in meinem Leben kennengelernt. Die einen, das sind die, die reinkommen und du hast keine Luft mehr zum Atmen, dieser Typ Macho, der sich ganz toll vorkommt, nicht zuhören kann und mit breiten Beinen in der U-Bahn sitzt. Oder der andere Typ, der einen mit seinen großen Dackelaugen anschaut und eigentlich 'ne Mami sucht. Das ist auf Dauer langweilig. Mit Männern hatte ich irgendwie das Gefühl, in einem Provisorium zu leben. Daß das richtige Leben woanders stattfand. Das war bei Frauen nicht so. Im Bett war es mit den Männern schon okay, aber ich hab' immer Brüste vermißt."

Erst einmal beschließt Susanne, sich auf andere Dinge zu konzentrieren. Da ist erstens ihr Sohn, dem sie eine gute Mutter sein will, und zweitens ihr Germanistikstudium, das sie mit Erfolg beenden will. Mit Lukas kommt sie gut klar, und das Studium schließt sie mit eins ab. Danach will sie endlich ihr eigenes Geld verdienen. Eigentlich will sie als Lektorin arbeiten, doch da ist vorerst nichts zu machen. Also fängt sie in einem Verlag an, Werbetexte für Bücher zu verfassen, die sie eigentlich nicht interessieren. Zwei Jahre lang, am Ende ganz allein in einem finsteren Büro. Das kann nicht alles gewesen sein, beschließt sie, und kündigt. Es dauert einige Zeit, bis sie ein Volontariat in einem anderen Verlag bekommt. Nach drei Monaten wird daraus eine feste Stelle, die im Bereich der Geschäftsführung angesiedelt ist. Die Arbeit im neuen Verlag macht ihr Spaß, nicht zuletzt deshalb, weil ihr die Bücher, die sie betreut, auch selbst gefallen. Außerdem hat das zweifache Umdrehen jeder einzelnen Mark endlich ein Ende. Susanne kauft sich von dem ersten nennenswerten Gehalt ein stahlblaues Mountainbike und freut sich wie eine Schneekönigin.

Und dann hat sie auch wieder den Mut, abends in die Frauenszene auszugehen. Lukas ist mittlerweile dreizehn und selbständig genug, um allein zu Hause zu bleiben. Wenn es den Lesben da nicht paßt, wie ich bin, sollen sie halt weggucken, denkt Susanne trotzig, als sie das erste Mal seit Jahren wieder die Tür zu einer Lesbendisco aufstößt. Sie tanzt und schaut und schaut ... und sieht eine Frau in schwarzem Leder, die sie ziemlich interessant findet. Die Frau lächelt ihr zu. Und plötzlich gerät Susanne in Panik. Was mach' ich hier eigentlich? Ich bin doch gar nicht mehr lesbisch! Wenn die mich jetzt anspricht! Bloß raus hier!

Drei Wochen später sieht sie die Frau wieder. Und diese lächelt sie erneut an. Wieder verspürt Susanne den Impuls, einfach wegzulaufen. Doch dann meldet sich ihr Trotz. Und ihr Verlangen. Susanne geht zu der Frau hin, und die spricht sie an.

Sie verabreden sich in einem Café. Die Nacht davor kann Susanne kaum schlafen vor Aufregung. Als sie die Frau dann wiedersieht, diesmal bei Tageslicht, erwischt es sie sofort. Und Brigitte, die vermeintlich coole Lederlesbe, ist keine Geliebte für kurze Wochenenden.

Brigitte hat eine ganze Sammlung an außergewöhnlichen Tieren zu Hause. Lukas mag Tiere. Und Brigitte findet gar nicht, daß Lukas eine Not ist, aus der sie eine Tugend machen muß. Im Gegenteil: Brigitte findet Lukas klasse. „Ist doch genial, daß du ein Kind hast. Wir können keine Kinder kriegen, und dann auch noch ein Junge, ist doch toll!" Mit Jungen kann Brigitte nämlich was anfangen. Manchmal, wenn Susanne noch im Büro ist, holt Brigitte Lukas von zu Hause ab. Denn sie hat beruflich häufig auf Baustellen zu tun, was der Junge ungemein spannend findet. Also kriegt auch er einen gelben Helm auf und darf mit Brigitte durch die Gruben und Rohbauten am Potsdamer Platz kraxeln. Als Susanne zur Buchmesse muß und vorsichtig das Thema anspricht, wer sich in dieser Woche um Lukas kümmern könnte, erntet sie von den beiden nur ein Grinsen. „Da wohn' ich natürlich bei Brigitte", teilt ihr Sohn ihr mit. „Das haben wir doch schon längst abgesprochen." Susanne hat das Gefühl, in einem Märchen gelandet zu sein.

„Ich seh' mich jetzt nicht mehr als alleinerziehende Mutter. Wir haben jetzt ein richtig ausgeprägtes Familienleben. Wir essen abends immer zusammen, wir kochen richtig. Es gibt wieder Gerichte, die es früher nur in meiner Kindheit gab. Da komm' ich eines Abends von der Arbeit nach Hause, da stehen auf dem Tisch Königsberger Klopse und Kartoffelbrei! Ich denk: Hach, Familie! Brigitte ist der erste Mensch nach Jörg, mit dem ich zusammenziehen möchte. Die anderen vorher, die hatten noch nicht mal einen Schlüssel zu meiner Wohnung. Bei Brigitte ist das anders. Ich glaube, auch Lukas holt sich da jetzt ein Stück Familie, das er vorher nicht hatte."

Nur Susannes Mutter ist von dieser neuen Lebensgemeinschaft wenig begeistert. Als Susanne ihr am Telefon davon erzählt, trifft sie ein wahrer Schwall an Vorwürfen und Beschimpfungen. Daß das dem Kind doch nun wirklich nicht zugemutet werden könne! Daß Susanne verdorben und unnatürlich sei! Susanne argumentiert zurück. Ihr schießen die Tränen in die Augen. Mutter und Tochter werden laut. Am anderen Ende fällt der Hörer auf die Gabel. Stille. Susanne bleibt auf dem Boden sitzen und schluchzt. Bis Lukas leise reinkommt und tröstend den Arm um sie legt. Und sie fragt, warum sie so traurig ist. Susanne erzählt ihm auszugsweise von ihrem Streit mit seiner Oma. Er reagiert spontan. „Das kann dir doch egal sein, was die denkt. Wenn du Brigitte liebst, das ist doch das Wichtigste."

„Frauen machen richtig Herzklopfen,
Männer nicht!"

(Barbara, 64 Jahre)

Was soll sie schon noch in so einer Bar! Barbara tippt sich an die Stirn. Schließlich ist sie seit mehr als zwanzig Jahren eine verheiratete Frau! Die gute Freundin aus alten Zeiten grinst. „Du hast heute abend doch eh nichts Besseres zu tun. Da kannst du auch mitkommen!"

Als die Frau zur Tür reinkommt und ihre Blicke sich treffen, vergißt Barbara für einen Moment zu atmen. Kurzhaarschnitt, dunkler Anzug mit weißem Hemd, ein herausforderndes Lächeln und dazu knallrot lackierte Fingernägel. Die Frau kommt kurze Zeit später an ihren Tisch und lädt Barbara an die Bar ein. Barbara zögert keine Sekunde. Später tanzen sie zusammen, und Barbara kann die Brüste der Frau unter dem festen Anzugstoff fühlen. Und sie versucht erst gar nicht, sich gegen das eigene Begehren zu wehren.

Barbara ist fünfzehn, als sie zum ersten Mal das Verlangen nach einer Frau verspürt. Es ist eine flüchtige Berührung, als ihr die Hauswirtschaftslehrerin in der Berufsschule übers Haar streicht. Doch diese kleine Geste läßt Barbara erschaudern. Und ziemlich benommen vor den Kochtöpfen stehenbleiben. Noch am selben Tag schnappt sie sich ihr Fahrrad. Und radelt raus aus der Berliner Innenstadt zum weit auswärts gelegenen Stadtteil, wo die Lehrerin wohnt. Barbara weiß nicht einmal, was sie dort eigentlich will. Aber sie traut sich zu klingeln. Die Lehrerin ist erstaunt, bietet ihrer Schülerin aber Tee an. Und erzählt begeistert von ihrem Verlobten. Irgendwie findet die Fünfzehnjährige das enttäuschend. Sie könnte jedoch nicht sagen, warum. Erst als sie sich verabschiedet, wird ihr klar, daß sie fast dreißig Kilometer mit dem Fahrrad gefahren ist. Plötzlich fühlen sich ihre Beine ganz kraftlos an. Sie schafft es bis zur nächsten S-Bahn-Station. Geld hat sie keins dabei. Barbara spricht eine ältere Dame an. Die gibt ihr die zwanzig Pfennig für die Fahrkarte. Das Fahrrad kann Barbara nicht mitnehmen. Deshalb schließt sie es am S-Bahnhof an, um es dann am nächsten Tag abzuholen. Die Lehrerin besucht sie nicht wieder.

Als sie ein Jahr später Olli kennenlernt, ist sie fasziniert. Anders als die anderen Mädchen trägt Olli die Haare ganz kurz. Und sie hat Hosen an und eine Windjacke. Barbara hat schon einiges von Olli gehört, bevor sie sie endlich zu Gesicht bekommt. Eine ihrer Mitschülerinnen an der Berufsschule ist mit Olli befreundet und erzählt ihren Schulfreundinnen manchmal von dieser außergewöhnlichen jungen Frau, die auf den Fingern pfeifen kann und einmal sogar einen, der ihr zu nahe kam, verdroschen hat. Manchmal denkt Barbara an diese fremde Olli und stellt sich vor, wie es wohl wäre, sie kennenzulernen. Als ihre Schulfreundin wieder einmal eine Geschichte über Olli zum besten gibt, nutzt sie die Gelegenheit. „Stell sie mir doch mal vor!" Barbara läßt den Satz so beiläufig wie möglich klingen. Schließlich müssen die anderen nicht mitkriegen, wie neugierig sie ist. Im Elternhaus der Schulfreundin lernt sie Olli dann kennen. Sie ist eher dünn und ziemlich schlaksig, und außerdem lacht sie manchmal zu laut über ihre eigenen Witze. Aber sie hat wunderschöne blaue Augen und eine hinreißende Art, sich mit der Hand die Haare aus der Stirn zu wischen.

Weil sie fast denselben Heimweg haben, gehen Barbara und Olli an diesem ersten Abend gemeinsam nach Hause. An der Haustür schauen sie sich kurz in die Augen. Dann gibt Olli Barbara einen flüchtigen Kuß auf die Wange und rennt weg. Von da an sehen sie sich ziemlich häufig. Die Mutter hat nichts gegen die Besuche von Olli, auch wenn diese so ganz anders aussieht als die anderen Mädchen in ihren Alter. Barbaras Mutter hat auch, anders als einige andere Leute in ihrem Haus, nichts gegen die beiden Frauen, die gemeinsam eine Wohnung im Vorderhaus bewohnen. Im Gegenteil, sie findet, daß das sehr nette Frauen sind. Die Mutter trägt auch gern Hosen, schon allein deshalb, weil das zum Motorradfahren sehr viel praktischer ist. Ihre kleine DKW spuckt und hustet manchmal, aber sie startet jeden Morgen, wenn sie zur Arbeit fährt.

Die Mutter zieht, gemeinsam mit der Großmutter, die mit ihnen zusammen in der Wohnung lebt, Barbara und ihren Bruder allein groß. Den Vater der Kinder heiratet sie nicht. Sie findet, daß das nicht unbedingt nötig ist. 1932 kommt Paul zur Welt, ein Jahr später folgt Barbara. Sie kann sich erinnern, wie sie einmal bei ihrem Vater auf dem Schoß gesessen und er Grimassen geschnitten hat, bis sie lachen mußte. Das war im Sommer, draußen in einem Gartenlokal, und es gab Bienenstich. Danach hat sie nichts mehr von ihm mitbekommen, bis zu dem Tag 1943, als die Postkarte kam. Gestorben für Volk und Vaterland! Zu diesem Zeitpunkt bangt auch die Familie an der „Heimatfront" um ihr Leben. Göring heißt in Berlin mittlerweile Meier, und auf die Reichshauptstadt regnet es beinahe täglich Bomben. Im Luftschutzkeller ist es in den Armen der Großmutter am wärmsten. Und am ruhigsten. Denn Pauline behält von allen am längsten die Nerven. Morgens hilft Barbara der Großmutter den Dreck aus der Wohnung zu wischen. Die Fensterscheiben sind schon lange hinüber. Trotzdem haben sie noch Glück gehabt. Da, wo sie wohnen, mitten in Prenzlauer Berg, gibt es weder große Industriebetriebe noch strategisch wichtige Verkehrswege. Von einigen Fehltreffern abgesehen, kommt ihr Viertel einigermaßen ungeschoren davon. Einmal holt Barbara ihre Mutter im angrenzenden Wedding, wo diese in einer Fabrik als Kontoristin tätig ist, von der Arbeit ab. Sie ist erschrocken über die

riesigen Trümmerlücken, die die Bomben in die Blockrand-
bebauung gerissen haben.

Nach dem Krieg darf Barbara weiter Ballettunterricht nehmen. Ihre alte Ballettlehrerin, bei der sie bis 1942 gelernt hat, ist
nicht mehr da. Ihre Nachbarinnen wissen nicht, wo sie hingezogen ist. Nach dem vergeblichen Besuch redet die Mutter so leise
mit der Großmutter, daß Barbara nichts versteht. Überall in den
Straßen werden die Trümmer fortgeräumt. Die Mutter verliert
ihre Arbeit und findet bald eine neue. Barbara ist am liebsten ein
junger Schwan. Es macht ihr Spaß, sich auf der Spitze zu drehen
und zu drehen und zu drehen und den eigenen Körper zu spüren. Der ist ganz fest, geschmeidig und muskulös zugleich. Mit
fünfzehn beginnt Barbara eine richtige Ausbildung zur Tänzerin.
Dabei lernt sie auch singen und ein wenig schauspielern. Manchmal kommt jetzt Olli, die eine kaufmännische Lehre macht, an
der Schule vorbei, um Barbara abzuholen. Dann gehen sie Eis essen oder ins Kino. Hinterher begleitet Olli Barbara immer nach
Hause. Sie stehen dann eine ganze Weile unten im Hausflur herum. Treppenlicht an, Treppenlicht aus, Treppenlicht an. Barbara
spürt Ollis Atem an ihrem Ohr, ihren Mund auf ihren Lippen,
Ollis Hand auf ihrer Brust. Sie ist aufgeregt und glücklich.

Nach der Ausbildung bekommt Barbara eine Anstellung in einer Operettengruppe. Für den Schwan reicht es nicht, aber sie
ist Schneewittchen im Kindermärchen und einmal auch ein En-
gel in der Weihnachtsgeschichte. Sie kommt viel herum, da die
Truppe keine feste Spielstätte hat. Olli sieht sie jetzt nur noch
selten. Die Arbeit macht ihr Spaß, aber den ganz großen Gla-
mour, den gibt es im anderen Teil Berlins. 1950 zieht sie um. Ein
Engagement findet sie nicht, deshalb fängt sie als Bedienung in
einer Bar an, immerhin eine der ersten Adressen Berlins.

Was ihr als erstes an ihm auffällt, sind seine schlanken, ge-
pflegten Hände. Und der teure Anzug. Und das ruhige Selbstbewußtsein, mit dem er sie anschaut. Als er sie anspricht, ist sie

erst ein wenig erschrocken. Nur zögernd willigt sie ein, nach der Arbeit noch mit ihm in eine andere Bar zu gehen. Sie merkt bald, daß er ihr gefällt. Weil er charmant ist und witzig. Weil er ein richtiger Kavalier ist, der weiß, wie man sich einer Dame gegenüber benimmt. Sie treffen sich öfter, und Barbara verliebt sich. Nach der ersten gemeinsamen Nacht findet sie auf dem Frühstücksteller einen Goldring mit einem Diamanten. Seine schwarzen Augen blitzen erwartungsvoll, als sie das Schmuckstück findet. Er ist ihr Prinz von Theben. Gemeinsam mieten sie eine Wohnung. Dann muß er zurück nach Persien. Sie sehen sich alle vier Wochen, und immer wieder überrascht Samir Barbara mit Geschenken und Aufmerksamkeiten. Wenn er nicht in Berlin ist, geht Barbara allein aus. Von einer Freundin erfährt sie von dem Club, in dem nur Frauen verkehren. Dort lernt Barbara eine Frau kennen, die ihr gefällt.

„Mich haben Frauen und Männer interessiert. Es war leicht, Frauen kennenzulernen. Damals gab es Bälle in der Domstraße, einmal im Monat. Außerdem gab es diesen Club, da haben Marlene Dietrich und Hildegard Knef und solche Frauen verkehrt. Da war ein Türsteher in Livree vor, der hat genau aufgepaßt, wer da reinkam. Damals, da gab es nur KVs und Femmes. Die KVs sind immer aufgestanden, wenn eine Frau an den Tisch kam. Die haben auch immer beim Tanzen geführt. Haben das auch äußerlich ganz deutlich gemacht. Hosenrock und Schlips oder Fliege, so was. Das hat mir sehr gut gefallen. Ich hab' nie ein Geheimnis daraus gemacht, daß mir Frauen und Männer gefielen. Es gab damals auch kein Etikett wie bi oder so was. Damit bin ich erst in den Siebzigern konfrontiert worden. Ich hab' mich gar nicht definiert. Das war für mich ganz normal, sowohl als auch. Ich hab' das Gefühl, in den Fünfzigern war das weniger geheim als heute, etwas mit Frauen zu haben. Gar nicht husch husch oder so. Mein Freund wußte auch Bescheid. Der war zwar ein wenig eifersüchtig, hat das aber akzeptiert."

Schließlich lebt auch der fremde Prinz zweigleisig. Er hat in Teheran eine Ehefrau, und die hat ein Kind von ihm. Immer wieder beteuert er, daß er sich von seiner Frau trennen und ganz zu Barbara nach Berlin ziehen will. Nach vier Jahren ist Barbara des Wartens überdrüssig. Sie will einen richtigen Ehemann. Ihren Freund John kennt sie schon seit über zwei Jahren. Er ist einer ihrer engsten Vertrauten, mit dem sie beinahe alles besprechen kann. Als er beruflich zurück nach Kanada versetzt wird, macht er ihr einen Heiratsantrag. Ohne zu zögern sagt Barbara ja. Sie hat von dem fremden Prinzen die Schnauze voll. Auch in Toronto bleibt John ihr guter Freund. Mehr wird allerdings nicht daraus. Denn sie ist überhaupt nicht in ihn verliebt. Dafür funkt es ziemlich schnell zwischen ihr und einem Freund von John. Barbara mag Peters ruhige, sanfte Art. Sie hat das Gefühl, daß dies der Mann ist, mit dem sie leben und Kinder haben möchte. Manchmal gehen sie zu dritt aus. Barbara und Peter werfen sich verstohlene Blicke zu. Einmal halten sie heimlich im Kino Händchen. John ist das Blitzen in Barbaras Augen natürlich nicht entgangen. Schließlich reden sie offen über die seltsame Dreiecksgeschichte. John und Peter bleiben Freunde, und Barbara und Peter werden Mann und Frau. Barbara ist glücklich, auch wenn die Aufregung der ersten Verliebtheit schnell schwindet und sich im Bett bald eine gewisse Langeweile einschleicht. Peter legt nicht allzuviel Wert auf Sex, und Barbara gibt es bald auf, ihn verführen zu wollen. Sowohl vom Prinzen, als auch von den KVs, mit denen sie zu tun gehabt hatte, ist sie es gewohnt, umworben und erobert zu werden. Doch diese Erfahrungen rücken in eine immer fernere Vergangenheit. Ihre Gegenwart ist der gesellschaftliche Aufstieg ihres Mannes, ist die Suche nach einer größeren Wohnung und schließlich nach einem großen Haus am Stadtrand. Die Wahl der Inneneinrichtung und die Verhandlungen mit den Handwerkern, die Suche nach schönen Antiquitäten und hübschen Vorhangstoffen. Die

Dinners mit Geschäftspartnern und Freunden und die Vorbereitung des jährlichen Wohltätigkeitsballes. Und vor allem auch Sandra und Jane, die nach zwei beziehungsweise fünf Jahren Ehe die Familie komplett machen. Sandra muß zum Zahnarzt und Jane zum Turnen, Sandra zum Klavierunterricht und Jane zur Mathe-Nachhilfe. Peter kommt meist spät von der Arbeit nach Hause. Oft haben Barbara und die Mädchen dann schon zu Abend gegessen. Manchmal trinken Barbara und Peter dann noch ein Glas zusammen und erzählen sich, was den Tag über passiert ist. Barbara mag das Gefühl von Geborgenheit, wenn sie hinterher im Bett mit dem Kopf auf seiner Schulter einschläft.

„Wir waren sechsundzwanzig Jahre verheiratet. In dieser Zeit waren Frauen wie weggewischt. Ich hatte da gar keine Bedürfnisse, hab' auch gar nicht dran gedacht. Ich weiß noch, einmal hatte ich Besuch von einer alten Freundin aus Berlin. Die war auch verheiratet und hatte ein Kind. Die hat dann ständig von uns aus mit einer Freundin in Berlin telefoniert. Ich hab' gefragt: ‚Mensch, wen rufst du da denn immer an?' Da hat sie mir erzählt, daß sie eine Liebesbeziehung mit dieser Frau hat. Ich hab' damals gesagt: ‚Mensch, wie kannst du nur, mit einer Frau!' Da hat die mich dann später natürlich immer mit aufgezogen. Ich hab' nie daran gedacht, mich scheiden zu lassen oder fremdzugehen. Das war so ein Gefühl von Sicherheit, dieses Gefühl, man gehört zueinander, das Gefühl, daß es ewig dauert. Da sind Sachen, die binden, dieses gemeinsame Schaffen, sich etwas aufbauen und dann natürlich die Verantwortung für die Kinder. Das ist bei Frauenpaaren nicht so. Im nachhinein denke ich, die Frau, die da Kinder hatte, das war nicht ich, das war eine andere. Im Unterbewußtsein muß mir aber doch was gefehlt haben, denn ich hab' ja die Frau gesehen in Berlin, und es hat geknallt."

Doch erst einmal knallt es in der Ehe. Keine große dramatische Explosion, sondern eher ein zermürbender Korrosionsprozeß. Nach fast zwanzig Jahren Ehe wird Peter noch schweigsamer als sonst. Abends im Bett dreht er sich einfach um, brummelt „gute Nacht" und macht das Licht aus. Und Barbara starrt durch das Dunkel auf seinen Rücken. Bis sie schließlich genug hat und mit einer Flasche Whisky und zwei Gläsern abends im Wohnzimmer auf ihn wartet. Und ihn fragt, was eigentlich los ist. Ihre Frage, die ihre Unsicherheit verrät, bleibt im Raum hängen. Peter schweigt und starrt aus dem Fenster. Stunden scheinen zu vergehen. Dann blickt er zu ihr rüber. „Ich liebe dich nicht mehr." Dieser eine Satz.

Für Barbara bricht eine Welt zusammen. Ob es eine andere gibt? Nein, die gibt es nicht. Einfach so? Ja. Wortlos gehen sie ins Bett, er auf seine Seite, sie auf ihre. In der Nacht passieren zwanzig Jahre Eheleben vor Barbaras geistigem Auge Revue. Und draußen klatscht der Regen an die Scheiben. Barbara hört den friedlichen, ruhigen Atem ihres Mannes. Und beschließt, daß sie das so nicht aushalten kann. Am nächsten Morgen ruft sie am Flughafen an und reserviert ein Ticket. Dann packt sie ihre Sachen. Eine Freundin wird auf die Kinder aufpassen. Für Peter hinterläßt sie einen Brief. „Ich muß nachdenken."

In Berlin hat sich vieles geändert. Ihre Mutter ist mittlerweile tot. Der Bruder lebt in einem kleinen Ort in Süddeutschland. Auch viele ihrer alten Freundinnen und Freunde sind in andere Städte gezogen. Barbara sucht nach alten Spuren, findet diese und jene neue Adresse heraus. Zu einigen Freundinnen hat sie die ganze Zeit über den Kontakt gehalten. Eine davon ist die Frau, die sie in Toronto besucht hatte. Sie hat sich mittlerweile von ihrem Mann getrennt und ganz für Frauen entschieden. Sie nimmt Barbara mit zu dem Ball.

Wo Barbara die Frau mit dem Herrenanzug und den roten Fingernägeln kennenlernt. Und ihr Begehren neu entdeckt. Und nicht zögert, mit der fremden Frau nach Hause zu gehen. Und dort jede Berührung genießt. Sich ausziehen läßt, sich hingibt. Seit vielen, vielen Jahren erlebt Barbara wieder, was Lust ist.

Als Barbara später das Hemd der Frau öffnet, starrt sie wie gebannt auf die großen Brüste, die vor ihr liegen. Und stellt fest, daß sie sie wunderschön findet. Am nächsten Morgen ist sie dann fürchterlich erkältet. Jedenfalls für ihren Mann. Dem spielt sie am Telefon mit zugehaltener Nase eine schreckliche Grippe vor. Die natürlich den Rückflug erst einmal unmöglich macht. Die Erkrankung erweist sich als schwerwiegend. Barbara verlängert ihren Aufenthalt in Berlin um zwei Wochen. Auch die Geliebte meldet sich krank. Das Bett verlassen sie in diesen Tagen nur selten.

Zurück in Toronto erzählt Barbara Peter schließlich doch, was passiert ist. Und daß sie sich verliebt habe. „Jetzt hast du es mir zurückgezahlt." Seine Antwort kommt fast tonlos. Dann sagt er noch, daß auch er nachgedacht habe. Und daß er seine Worte nicht so gemeint habe. Doch für Barbara läßt sich nichts mehr zurückdrehen. Nachts träumt sie von der Frau in Berlin. Auf Peters Schulter will sie nicht mehr schlafen. Als Barbara nach einem knappen halben Jahr erneut ein Flugticket bestellt, ist sie schon Wochen vorher aufgeregt. Peter hält sich mit Kommentaren zurück. Es scheint, als ob er hoffe, daß die ganze Sache irgendwann im Sande verläuft. Doch die Affäre dauert vier Jahre, zweimal im Jahr für sechs Wochen.

Barbara merkt früh, daß Hilde reichlich viel trinkt. Doch sechs Wochen sind kurz genug, um vornehm darüber hinweggucken zu können. Jedenfalls am Anfang. Doch irgendwann beginnt es Barbara zu stören, daß Hilde jedesmal, wenn sie ins Bett gehen, halb betrunken ist. Außerdem hat sie eine alte Bekannte aus den fünfziger Jahren wiedergetroffen. Die Frau hat Barbara früher nie interessiert. Das ist plötzlich anders. Als Peter von der neuen Freundin erfährt, beginnt er an dem Auslaufmodell lesbische Liebe zu zweifeln. Doch richtig schockiert ist er erst, als Danni Barbara in Toronto besucht. Mit ihm ist der gesamte Mittelstandsvorort entsetzt. Denn bei Danni müssen unbedarfte Gemüter mindestens zweimal hingucken, um ihr Geschlecht zu ermitteln. Danni ist ein derart kerliger KV, daß die Kunde von diesem seltsamen Wesen schnell den gesamten Straßenzug durchlaufen hat. Natürlich schläft Danni im Gästezimmer. Natürlich haben Barbara und Danni keinen Sex miteinander, zumindest dann nicht, wenn sich im Umkreis von hundert Metern ein anderes menschliches Wesen befindet, natürlich halten sie nicht vor anderen Händchen. Außerdem hat Barbara nicht zum erstenmal homosexuellen Besuch aus Berlin. Aber mit Danni ist es etwas anderes. Danni ist eine wandelnde Provokation. Die Kunden im Drugstore tuscheln, die Verkäuferinnen beim Gemüsehändler tuscheln, die Mitschülerinnen ihrer Töchter gucken komisch und kichern, wenn Sandra und Jane vorbeikommen, und einige Arbeitskollegen von Peter reißen hinter seinem Rücken Witze. Da ist er sich ganz sicher. Trotzdem verhält er sich Danni gegenüber höflich. Und Danni spielt die gute Freundin.

Im Jahr darauf kommt sie wieder. Und auch im darauffolgenden. Zwischendurch fliegt Barbara nach Berlin. Und gewöhnt sich an das Geklatsche ihrer Nachbarinnen. Bis ihre ältere Tochter, die mittlerweile neunzehn ist, weinend von der Schule nach Hause kommt. Und ihre Mutter fragt, was sie denn eigentlich sei, bi oder lesbisch. Da macht Barbara sich zum ersten Mal wirklich Gedanken darüber. „Bi", sagt sie ihrer Tochter. Was diese zumindest etwas erleichtert. Trotzdem ist das Verhältnis zwischen Mutter und Tochter für eine Weile gestört. Barbara kommt zu dem Schluß, daß sie nicht ewig zwischen ihrem kanadischen Vorort und der Berliner Subkultur hin- und herpendeln kann. Gemeinsam mit Peter faßt sie den Entschluß, sich scheiden zu lassen, sobald die jüngere Tochter volljährig ist. Vier weitere Jahre des Wartens. Die ganze Zeit über bleibt Danni ihre große Liebe.

Nachdem Barbara und Peter 1985 das Haus verkauft und das gemeinsame Eigentum aufgeteilt haben, nimmt sich Barbara erst einmal Zeit, um allein zu sein und nachzudenken. Sie mietet ein Haus auf dem Land, macht dort lange Spaziergänge und überlegt, was sie überhaupt noch mit ihrem Leben anfangen will. Was sie überhaupt noch anfangen kann, mit Anfang Fünfzig und ohne richtige Ausbildung, geschweige denn Berufserfahrung. Und natürlich muß sie überdenken, wo sie eigentlich leben will. Je mehr Zeit sie auf dem Land verbringt, desto klarer wird ihr, wie sehr sie mittlerweile an Kanada hängt und wie viel ihr ihre Freundinnen und Freunde, ihre Kinder und auch Peter bedeuten. Da kommt der Anruf aus Berlin. „Ich hab' hier eine schöne Wohnung für dich." Barbara nimmt es wie einen Wink des Schicksals. Na gut, soll so sein, denkt sie. Vielleicht, weil sie selbst nicht so recht weiß, wo es eigentlich hingehen soll.

„Und dann ist alles den Bach runtergegangen. Ich hab' in Berlin ein ziemliches Down gehabt. Ich hab' meine Kinder wahnsinnig vermißt. Und auch Peter hat mir gefehlt. Obwohl wir uns ja scheiden lassen wollten, das waren ja siebenundzwanzig gemeinsame Jahre, das ist ja dann doch so eine Art Tod, als würde ein Stück aus dir rausgerissen, von dir amputiert. Danni konnte mit meinem Down überhaupt nicht umgehen. Das waren so Momente, wo ich fast einen Nervenzusammenbruch gekriegt habe. Da kam nichts. Wenn es immer heißt, Frauen seien verständnisvoller, das hab' ich anders erlebt. Ich kann mich da an eine Situation erinnern, da lagen wir nebeneinander im Bett. Und ich hab' einen Weinkrampf gekriegt. Und sie hat überhaupt nicht reagiert. Kein Trost, nicht mal ‚das wird schon wieder' oder so was. Sie hat mich auch nicht in den Arm genommen. Nichts. Das hat bei mir so was hinterlassen. Da wurde die Kluft zwischen uns dann immer größer. Daß sie mir keinen Trost spenden konnte. Ich hab' mich dann von ihr getrennt."

Nicht nur Barbaras Beziehung zerbricht nach kurzer Zeit. Auch geschäftliche Versuche schlagen fehl. Gemeinsam mit ihrem ersten Mann, der mittlerweile wieder in Berlin lebt und mit dem sie nach wie vor eng befreundet ist, eröffnet Barbara eine Bar. Das Startkapital stammt überwiegend aus dem Geld, das Barbara durch die Scheidung bekommen hat. Doch das Kapital ist schlecht angelegt. Nach einem halben Jahr geht die Bar pleite. Übrig bleiben Schulden. Ein weiterer Anlauf, sich selbständig zu machen, scheitert ebenfalls. In der schlimmsten Not greift Peter, zu dem sie immer noch engen Kontakt hat, ihr finanziell unter die Arme. Doch Barbara will ökonomisch auf eigenen Beinen stehen. Eine richtige Stelle findet sie in ihrem Alter nicht mehr. Sie beginnt, in verschiedenen Bars hinter dem Tresen zu jobben, schlägt sich auf diese Weise mehr schlecht als recht durch. Und manchmal denkt sie nicht ohne Bitterkeit an das große Haus, in dem sie früher gewohnt hat, an all die Annehmlichkeiten, die sich mit Geld kaufen lassen, und daran, wie sie all das für eine Frau aufgegeben hat, mit der dann alles schieflief.

Trotzdem bleibt Barbara in Berlin. Und sie bleibt den Frauen treu. Als die Grenze aufgeht, stöbert sie tagelang durch das alte Viertel in Prenzlauer Berg, in dem sie aufgewachsen ist. Das Haus steht noch, und auch der kleine Park ist noch da, in dem sie so manches Mal gemeinsam mit Olli auf der Bank in der Sonne gesessen hat. Die Bank ist weg, aber Barbara kann die Stelle noch finden. Und auch die Sonne scheint an jenem Tag. Olli! Was wohl aus der geworden ist! Auch Ollis altes Wohnhaus gibt es noch, aber da wohnt sie schon lange nicht mehr. Der Gedanke läßt Barbara nicht mehr los. Sie wendet sich an das Einwohnermeldeamt. Und die helfen ihr weiter. Es ist ein merkwürdiger Moment, als Olli nach all den Jahren die Wohnungstür aufmacht. Barbara muß zweimal hingucken. Schlank und schlaksig ist Olli nicht mehr. Aber die blauen Augen, die hat sie noch immer! Und ein richtiger KV ist sie auch noch. Nicht wie all diese Möchtegerns, die sich samstagsabends im Sub tummeln! Als sie endlich bei Kaffee und Kuchen zusammensitzen, wissen sie beide gar nicht, wo sie anfangen sollen. Fast sechzig Jahre gelebtes Leben. Und Erfahrungen, die so unterschiedlich sind. Toronto und Berlin, Ost und West, Geld und bescheidene Verhältnisse. Barbara nimmt die Unterschiede schon bei ihrem ersten Treffen deutlich war. Sie bemerkt auch, daß Olli zum Kaffee nicht nur einen, sondern drei Cognac trinkt. Trotzdem verabredet sie sich mit ihr fürs Wochenende.

Natürlich kann Olli beim Tanzen richtig führen. Und sie bezahlt selbstredend die Getränke. Und hält, als sie im Morgengrauen die Bar verlassen, den Schirm nicht über sich selbst, sondern über Barbara. Und pfeift souverän ein Taxi heran. Und hält ihr die Haustür auf. Und liebt Barbara mit einer selbstvergessenen Hingabe und Aufmerksamkeit, wie diese es sich lange erträumt hat.

„Olli ist eine sehr maskuline Frau. Die denkt von sich, sie sei ein Mann. Ich hab' eigentlich immer auf solche Frauen gestanden. Ich denke, die modernen Frauen, die sind ja beides. Ich kann schon auch ziemlich butch sein. Ich hab' auch meine Zeiten, wo ich beides bin. Aber mit einer längeren Beziehung würde ich nicht klarkommen, wenn ich da nur butch wäre. Sowohl als auch ist okay. Das hatte ich mit Danni. Das war schon schön. Was mich an maskulinen Frauen reizt? Daß eine erst mal so aussieht und dann im Bett 'nen Frauenkörper hat. Das find' ich scharf. Diese Kombination. Manche sagen, da kannst du dir ja gleich 'nen Kerl nehmen! Nee!! Ein Mann ist im Bett ganz anders, fühlt sich auch ganz anders an, ist ja auch ganz anders ausgestattet, hat einen ganz anderen Körper, viel härter. Ich hatte immer Frauen mit großen Brüsten und fand das toll. Ich find' das toll, einen Busen anzufassen. Mit dem Geschlechtsteil von 'nem Mann hab' ich so meine Schwierigkeiten. Das find' ich nicht so erotisch. Außerdem ist es mit Frauen einfach intensiver. Frauen machen richtig Herzklopfen, Männer nicht."

Es ist vor allem der Sex, der Barbara vier Jahre lang bei Olli bleiben läßt. Im Alltag stellt sich schnell heraus, daß die Unterschiede zwischen den beiden Frauen eigentlich unüberbrückbar sind. Die Orte, an denen Barbara gern verkehrt, verunsichern Olli. In Ollis Umfeld dagegen fühlt Barbara sich fremd. Olli weiß beim besten Willen nicht, was sie mit Barbara in der Oper soll. Außerdem hat sie dort das Gefühl, daß alle sie anstarren. Barbara dagegen findet die Leute in Ollis Eckkneipe reichlich primitiv.

Auch die Integration in Barbaras Familienverbund gestaltet sich schwierig. Dabei ist es Barbara sehr wichtig, daß alle Menschen, die ihr nahestehen, sich untereinander gut verstehen. Doch sowohl für Peter und ihre Töchter aus Toronto als auch für Thomas, den jungen Mann aus Potsdam, in den sich Barbaras Tochter Jane bei einem ihrer Berlin-Besuche unsterblich verliebt, ist Olli zumindest gewöhnungsbedürftig. Auch wenn alle sich bei ihren Besuchen sichtlich Mühe geben, mit Olli klarzukommen, läßt sich das leichte Entsetzen auf ihren Gesichtern, das sie zumindest bei der ersten Begegnung befällt, nicht verbergen. „Ich seh' die nicht als Frau", sagt Thomas einmal. Und Barbara hält den Mund. Und fühlt sich verletzt und ausgeliefert.

Nicht nur die mangelnde Akzeptanz der anderen läßt Barbara wütend auf Olli werden. Wieso muß sie auch immer so laut sein? Und peinliche Witze erzählen? Und soviel saufen? Bald gibt ein Wort das andere. Sie liefern sich erbitterte Wortgefechte, in denen keine ein Ende finden kann. Ihre Streitereien rutschen zunehmend ab von der konkreten Kritik hin zu Rundumschlägen unterhalb der Gürtellinie. Sie verknäulen sich immer stärker ineinander. Nicht selten enden diese Gefechte im Bett. Dort findet dieser explosive Gefühlscocktail aus Liebe und immer mehr Haß ein Ventil. Der Sex mit Olli ist intensiver und aufregender als alles, was Barbara jemals erlebt hat. Allerdings wird die Liaison auch zunehmend gefährlicher. Vor allem, wenn Olli ein paar Bier zuviel getrunken hat, vergißt sie ihre gute alte KV-Schule. Und kompensiert ihr Gefühl von Unterlegenheit, indem sie ihre Freundin beschimpft. Daß Barbara eine arrogante

Schlampe sei. Daß sie sich ein Leben lang nur von Kerlen habe aushalten lassen. Barbara steht in der Küche und kocht vor Wut. Olli schlägt mit ihren Worten gezielt zu. Barbara hält sich die Ohren zu und schaut aus dem Fenster. Als sie die Hände wegnimmt und sich umdreht, steht Olli ihr direkt gegenüber an die Wand gelehnt und grinst. Und macht weiter. Da greift Barbara nach dem nächstbesten Messer. „Hör auf!" brüllt sie. Aber Olli grinst nur. Und redet weiter. Bis Barbara mit dem Messer auf sie losgeht. Die Wunde am Arm muß genäht werde. Natürlich war es ein Unfall. Blöd, wie sie da selbst mit dem Messer abgerutscht ist. Olli zuckt mit den Schultern. Der Unfallarzt runzelt ungläubig die Stirn. Eine Meldung bei der Polizei gibt es nicht. Aber Barbara bekommt Angst vor sich selbst. Angst davor, was sie noch alles anrichten könnte. Wenig später trennt sie sich von Olli.

Und unübersehbar atmen Barbaras gesamte Familie und auch ihre meisten Freundinnen erleichtert auf. Besonders Jane, ihre jüngere Tochter, ist sichtlich froh, daß das Elend einer Beziehung endlich vorbei ist. Denn sie, die ihre große Liebe in Potsdam geheiratet hat und dorthin gezogen ist, hat von allen am meisten mitbekommen. Ihr Urteil, daß sie nach der Trennung fällt, ist vernichtend. „Du ziehst offenbar Verlierer an." Und sie sagt noch ein paar andere Dinge darüber, wie sie das Liebesleben ihrer Mutter gesehen hat. Schlagartig wird Barbara klar, daß sie ihre Tochter, die stets auch ihre Vertraute war, reichlich überfordert hat. Schließlich ist eine Mutter letztendlich doch immer die Mutter und eben nicht die beste Freundin. Barbara nimmt sich vor, aus dieser Erkenntnis Konsequenzen zu ziehen. Und sie träumt weiter davon, daß auch ihre Freundin von der eigenen Familie akzeptiert wird. Erst einmal beschließt Barbara jedoch, daß sie nun endgültig vom Liebesleben die Nase voll hat. Männer findet sie nicht sonderlich interessant. Und Frauen?

Die Welt kann sehr klein sein, wenn man lesbisch ist und Anfang Sechzig. Und dann auch noch eine Vorliebe für KVs hat.

Eigentlich gibt es in ganz Berlin nur eine einzige Bar, in die Barbara gehen kann. Denn was soll sie schon mit diesen zwanzigjährigen Hüpfern und ihrer gräßlichen Techno-Musik! Dummerweise ist in dieser Bar nicht nur die Einrichtung seit Jahrzehnten mehr oder weniger unverändert geblieben. Auch die meisten Frauen verkehren seit ewigen Zeiten dort.

„Das ist ja dann so, daß alle schon mal mit allen zusammen waren und anschließend alle miteinander befreundet sind. Das ist wohl, weil die Auswahl doch recht klein ist. Das will ich nicht. Dann weiß die, wie ich im Bett bin, und die weiß, wie ich im Bett bin, und dann tauschen die sich womöglich noch darüber aus! Das wär' für mich das Schlimmste. Und wo sollte ich denn sonst eine Frau kennenlernen? Ich kann doch schließlich nicht einfach eine im Supermarkt anquatschen! Da bin ich nicht der Typ für. Und diese jungen Frauen, das ist auch nichts für mich. Soll ich der dann erzählen, daß mir die Schulter weh tut oder das Bein? Im meinem Alter tut ja öfters mal was weh. Das wär' doch auch nichts. Was mich wirklich traurig macht, ist, daß das bei Frauen nie lange hält. Statistisch gesehen sollen das ja so zweieinhalb Jahre sein. Letztens haben sich zwei Freundinnen von mir getrennt. Die waren sechs Jahre zusammen. Sie haben sich dann eine gemeinsame Wohnung genommen und sogar zusammen Möbel gekauft. Richtig wie ein Heteropaar. Ich hab' gedacht, das ist das Traumpaar, die leben zusammen, bis sie alt werden. Und auf einmal trennen die sich von heute auf morgen. Das hat mich geschockt. Damit kann ich nicht umgehen. Heterosexuelle Paare, die trennen sich nicht so schnell. Ich wünschte mir, wir würden unsere Beziehungen selbst ernster nehmen."

„Beim Sex, da hatte ich grenzenloses
Vertrauen in sie ..."

(Olga, 45 Jahre)

Hier hinten im Gebüsch können die Erwachsenen sie nicht sehen. „Zieh mal die Hose runter", sagt das Mädchen. Der kleine Junge schämt sich. „Na, komm, zeig mal!" Zögernd holt der Junge sein Pimmelchen raus. Die Elfjährige legt sich ins Gras, da, wo es ganz warm ist von der Sonne. „Du mußt dich jetzt auf mich legen!" Der Junge gehorcht. So liegen sie eine Weile aufeinander. Aus der Ferne dringt das Muhen der Kühe. Sie wissen, daß das, was sie tun, irgendwas mit Sex zu tun hat. Wie das wirklich geht, wissen sie nicht. Aber es ist aufregend, weil sie es heimlich tun. Am Abend schaut Olga den Frauen beim Waschen zu. Ganz nackt stehen sie vor dem dampfenden Bottich in der Küche. Große, pralle weiße Brüste, von denen Wasser tropft. Olga starrt und starrt. Bis die Tante sie erwischt. „Was guckst du so?" herrscht sie das Mädchen an. Und Olga wird rot und verzieht sich auf den Hof.

Ihre Mutter sieht sie nie nackt. Die wäscht sich nicht vor den Augen ihrer Tochter. Der Vater ist mittlerweile fort. Vor einem Jahr hat er seine Sachen gepackt und ist gegangen. Der Vater ist ein Bohemien oder zumindest tut er so. Er schreibt über Filme und verkehrt in Künstlerkreisen. Die Mutter hat Multiple Sklerose und ein Kind von ihm. Das paßt so gar nicht zum Leben eines Bohemiens. Die Ehe ist kaputt, kaum daß Olga zu den Eltern nach Prag kommt. Vorher lebt sie bei der Oma. Die wohnt in einem Dorf nahe der polnischen Grenze und spricht ganz anders als die Leute in Prag. Die Oma trägt einen grauen Haarknoten und ein Kleid mit einer Schürze drüber. Sie ist so dick, daß alles an ihr wabbelt, wenn sie lacht. Die Oma lacht ziemlich viel. In ihrem Bett ist es ganz warm und kuschelig, auch wenn es ein wenig streng riecht. Abends vor dem Einschlafen muß Olga immer beten. Danach darf sie zur Oma ins Bett kriechen, und die Oma erzählt ihr Märchen. Tagsüber tobt Olga mit ihren beiden Cousins, die auch bei der Oma leben, durchs Dorf. Ihre Grenze ist ein Baum am Ende der Dorfstraße. Zwischen ihrem Bauernhaus und diesem Baum ist alles möglich.

In Prag stehen überall Häuser im Weg herum. Außerdem lachen die anderen Kinder Olga aus, weil sie einen Dialekt spricht, der ziemlich polnisch klingt. Da ist Olga sechs Jahre alt und soll jetzt in der Stadt leben und auch dort zur Schule gehen. Im Schrank stehen zwei Krücken, die gehören der Mutter. Ihre Hände zittern leicht, und häufig wollen die Beine ihr nicht gehorchen. Dann sieht sie besonders unglücklich aus. „Stell dir vor", sagt die Mutter, „vor deiner Geburt war ich noch völlig gesund, und hinterher saß ich im Rollstuhl." Olga hört diesen Unterton in der Stimme. Sie versteht ihn, ohne ihn wirklich zu begreifen. Die Krücken im Schrank werden zum Mahnmal. Die Wohnung besteht aus einem Zimmer und der Küche. In der Stube schlafen Olga und ihre Mutter, in der Küche steht die Liege des Vaters. Wenn Olga etwas angestellt hat, spielen die Eltern ein Spiel mit ihr. „Geh zu deinem Vater, ich will dich nicht hierhaben", sagt die Mutter und schickt Olga aus dem Zimmer. „Geh zurück zu deiner Mutter, ich will dich auch nicht haben", reagiert der Vater in der Küche. Und Olga steht da, auf der Schwelle zwischen beiden Zimmer und kämpft mit den Tränen und der Wut, die in ihr aufsteigen.

Später dann hat der Vater häufig fremde Frauen zu Besuch. Da hat die Mutter sich bereits einen Kocher ins Wohnzimmer gestellt, damit sie nicht mehr zu ihrem Mann in die Küche muß. Olga und ihre Mutter können die fremden Frauen lachen hören.

Blöd ist die Situation vor allem dann, wenn man aufs Klo muß. Denn die Küche ist ein Durchgangszimmer, an dem kein Weg vorbeiführt. Olga lernt, ihre Blase zu kontrollieren. Auch sonst gibt sie sich Mühe, nicht aufzufallen. Bald ist sie ihren komischen Dialekt los und die Beste in ihrer Klasse. Lesen kann sie bereits, bevor sie in die Schule kommt. Mit einem Bleistift streicht ihr Vater die Buchstaben in ihrem Lieblingsmärchenbuch an. Olga lernt sie eifrig. Bald erschließt sie sich die ersten Wörter.

Direkt um die Ecke ist die Bücherhalle. Die Frau hinter dem Schreibtisch ist nett. Später darf Olga ihr sogar helfen und mit krakeliger Kinderschrift Karteikarten schreiben. Die Bibliothek ist voller Abenteuer. Jules Verne für Kinder, Karl May für Kinder, eine ganze Reihe von kleinen Fluchten in Grau mit schwarzem Balken. Olga kommt jeden Tag her, liest manchmal zwei Bücher an einem Nachmittag. Sie begegnet Odysseus und den anderen Sagenfiguren des klassischen Altertums, ebenfalls für Kinder. Bald segelt sie durch die Ägäis und erkundet den Olymp und taucht erst wieder auf, als die Frau sie leicht an der Schulter berührt und ihr sagt, daß sie jetzt schließen muß.

Zu Hause brüllt der Vater, er hat wieder getrunken. Er jagt die Mutter fluchend durch die enge Wohnung. Und hebt die Hand. Olga bleibt wie angewurzelt stehen. „Nicht, Papa, nicht!" ruft sie mit ihrer kleinen Kinderstimme, aber die erreicht den Vater nicht. Zum Glück gibt es die Nachbarinnen. Sie haben die Nase voll von dem ewigen Geschrei. Und sie machen sich Sorgen um die Mutter. Wenn es zu schlimm wird, rufen sie die Polizei. Dann kommt der Genosse Schutzmann und weist den Vater zurecht. Konsequenzen hat das für ihn nicht. Als der Vater dann eines Tages weg ist, wird es ruhiger. Allerdings auch ärmer. Denn der Vater hat keinen festen Arbeitgeber, der ihm die Alimente gleich vom Lohn abziehen könnte. Und freiwillig zahlt er nicht. Die Mutter, die nicht mehr arbeiten gehen kann, hat lediglich eine kleine Versehrtenrente und das Kindergeld. Der Monat ist nach Ende des Geldes häufig sehr lang. Die Mutter darbt und leidet, und die Tochter wächst ihr bald über den Kopf. Obwohl sie in einem Raum leben, weiß Olga wenig über ihre Mutter. Über Gefühle wird nicht geredet. Auch die Vergangenheit der Mutter bleibt ein weißer Fleck. Bis Olga im Schrank herumstöbert, als die Mutter nicht zu Hause ist, und eine Heiratsurkunde ihrer Eltern findet. Die Mutter ist mit zwei Namen aufgeführt. Da ist einmal ihr Geburtsname und dann noch ein Name, bevor sie schließlich den Nachnamen von Olgas Vater annimmt. Olga hält die Luft an. Sie begreift, daß es da noch jemanden im Leben der Mutter gegeben haben muß. Aber sie traut sich nicht, zu fragen, denn dann müßte sie zugeben, daß sie heimlich in den Sachen der Mutter geschnüffelt hat. Erst viel später, als die Mutter schon tot ist, erfährt Olga von ihrer Tante die ganze Geschichte. Daß die Mutter mit zwanzig mit einem Mann aus dem Dorf verheiratet worden ist. Daß sie den Mann aber nicht wollte, statt dessen Olgas Vater kennengelernt hat und mit ihm nach Prag durchgebrannt ist. Erst als die Mutter tot ist, sieht Olga sie als junge Frau, die voller Sehnsucht nach Leben ist und den Mut hat, gegen die Konventionen zu verstoßen. Sie sieht eine Mutter, die sie nie zuvor gesehen hat. Die Mutter ihrer Kindheit ist vor allem schutzbedürftig und zerbrechlich. Olga dagegen ist früh recht groß und ziemlich kräftig. Bald kommt sie sich neben ihrer Mutter wie ein unförmiger Elefant vor.

„So mit zwölf, dreizehn gehörte ich zu den Frühentwicklern. Da waren drei, vier Mädchen mit Titten, zu denen gehörte ich. Meine Mutter verpaßte mir schnell einen von ihren BHs. Der war mir bald zu klein. Der BH hatte hinten vier Knöpfe, auf die man ein Gummi spannte. Diese Knöpfe sah man immer, egal, was du anhattest. Ein beliebtes Spiel der Jungen war es, an diesem Gummi zu ziehen. Diese Körperlichkeit, daß das so viel war, das war furchtbar. Natürlich wird das in dem Alter dann auch wichtig, welche Klamotten schick sind und welche unmöglich

148

sind. Weil wir arm waren, hatte ich natürlich immer das, was unmöglich war. Die Blicke der anderen waren entsprechend. Ich hatte immer das Gefühl, alle starren mich an. Wenn du dich umgezogen hast beim Sport und hattest statt einer Nylonstrumpfhose eine Baumwollhose an! Meine Mutter verwies mich immer auf die richtigen, auf die inneren Werte. Sie hatte natürlich recht. Aber ich wollte trotzdem lieber eine Nylonstrumpfhose. Immerhin hat mir dann mein Vater eine richtige Jeans aus England besorgt. Da stieg ich sehr im Ansehen der anderen. Die hab' ich gar nicht mehr ausgezogen. Meine Mutter hat mir dann erst mal den Reißverschluß vorne zugenäht und an der Seite einen reingenäht, weil das ja Herrenjeans waren. Ich hab' das dann Jahre später wieder rückgängig gemacht."

Als Olga mit dreizehn zum ersten Mal ihre Tage bekommt, ist sie gerade mal wieder in den Ferien bei Bekannten ihrer Mutter. Mit ihrer Mutter hat sie über solche Dinge nie gesprochen. Aus Büchern weiß Olga, was mit ihrem Körper vorgeht. Aber sie traut sich nicht, mit jemandem darüber zu reden. Sie stopft sich Stofftaschentücher in die Hose und vergräbt diese später im Wald. Ihre Mutter wundert sich, wo die Taschentücher geblieben sind, doch Olga schweigt. Als sie das nächste Mal blutet und ihr klar wird, daß das nun jeden Monat passieren wird, beschließt Olga, daß sie nicht ewig heimlich Taschentücher benutzen kann. Sie stellt sich naiv, um ihre Mutter nicht mit ihrem Wissen zu erschrecken. „Mutti, ich hab' Blut im Höschen." „Du bist eine Frau geworden." Die Antwort auf Olgas Eröffnung kommt beinahe tonlos. Mehr sagt die Mutter nicht. Statt dessen kramt sie ein paar unförmige Binden aus dem Schrank und drückt sie Olga in die Hand. Wieder einmal hat Olga das Gefühl, daß ihre erwachende Weiblichkeit der schmächtigen kranken Mutter unangenehm ist.

Anerkennung findet Olga vor allem in der Schule. Besonders in ihrem Lieblingsfach Geschichte kann sie glänzen. Und die

Aufmerksamkeit der Lehrerin auf sich ziehen. Die ist recht jung, gerade vom Lehrerseminar in den Schuldienst gekommen. Bei ihr wird Geschichte lebendig, nehmen die antiken Römer ebenso Gestalt an wie die Handwerksburschen des Mittelalters. Olga ist glücklich, wenn sie wieder mal mehr weiß als die anderen und von der Lehrerin dafür ein Lächeln bekommt. Außerdem sorgt sie dafür, daß sie die Genossin Lehrerin manchmal ganz „zufällig" auf dem Flur trifft. Sie legt sich ein kleines Heft an, in dem sie notiert, wann die Angebetete wo Aufsicht hat. Später notiert sie, was sie bei diesen flüchtigen Begegnungen zu ihr gesagt hat. Einmal fährt sie raus in die Neubausiedlung, in der die Lehrerin wohnt. Olga sucht und findet das betreffende Haus. Sie bleibt eine Weile dort stehen, immer in der Angst, entdeckt zu werden. Schließlich steigt sie in den Bus und fährt zurück.

Obwohl Olga stets bereit ist, ihr Wissen zu teilen und die anderen abschreiben zu lassen oder ihnen vorzusagen, hat sie keine richtigen Freundinnen. Dafür hat sie diverse kleine Ämter. So ist sie Vorsitzende der Klassenorganisation, von der Lehrerin vorgeschlagen, von den Mitschülerinnen und Mitschülern abgenickt. Olga trägt das rote Halstuch der Jungen Pioniere mit Stolz. So ist sie auch von ihren Eltern erzogen worden, und sie findet keinen Grund, daran zu zweifeln. Bis es 1968 in Prag Frühling wird. Und plötzlich einige Lehrerinnen ihre Klassen bitten, sie doch nicht mehr mit Genossin, sondern mit Frau anzureden. Und plötzlich Menschen in Gruppen auf der Straße zusammenstehen und laut darüber debattieren, was alles anders werden muß. Und im staatlichen Rundfunk Diskussionen übertragen werden, in denen zur Sprache kommt, was während der Schauprozesse in den fünfziger Jahren wirklich passiert ist. Die Mutter hängt am Radiogerät und wird ganz blaß. Bis zu dem Zeitpunkt hat sie geglaubt, daß damals wirklich Verbrecher verurteilt worden sind. Doch plötzlich wird ihr und vielen anderen im Land klar, daß diese Prozesse vor allem gegen selbständig denkende Menschen gerichtet waren. Auch Olga hört aufmerksam zu, obwohl sie längst nicht alles versteht. Die Jungen Pioniere waren für sie bisher vor allem Zeltlager und Geländespiele, Veranstaltungen, bei denen es so spannende Dinge zu lernen gab wie das Morsealphabet oder das Knüpfen richtiger Seemannsknoten. Doch jetzt, mit dreizehn, denkt sie zum ersten Mal wirklich über Politik nach. Ihr gefällt die neue Atmosphäre in den Straßen und auch in der Schule. Die Menschen scheinen auf einmal aufrechter zu gehen und ihr direkter und offener ins Gesicht zu sehen.

In den Sommerferien fährt Olga wieder einmal aufs Land. Dort wohnt sie bei einer Freundin ihrer Mutter. Deren Tochter ist so alt wie Olga und hat schon einen Freund. Der hat noch einen Freund. Zu viert brausen sie auf den beiden Mofas der Jungs durchs Dorf. Wenn es regnet, spielen sie Pfänderspiele. Olga verliert, und der kleine dicke Freund des Freundes der Freundin wünscht sich einen französischen Kuß. Daß Olga als echte Großstadtpflanze nicht weiß, was das ist, finden die anderen ziemlich lustig. Die Freundin erbarmt sich. „Komm, ich zeig' dir das erst mal." Olga findet die Übungslektion sehr angenehm. Weich und zart und irgendwie aufregend. Mit dem kleinen Dicken ist es dann nicht ganz so schön. Der Junge sabbert und scheint einen gewissen Ehrgeiz zu haben, bis an Olgas Mandeln zu kommen. Viel weiter kommt Olga mit ihren erotischen Erkundungen in diesem Sommer nicht. Denn in der Nacht vom 20. auf den 21. August werden die Kinder von der Gastgeberin geweckt. Sie ist furchtbar aufgeregt. „Zieht euch an. Die Russen sind da. Wir sind besetzt worden." Im Radio wird Trauermusik gespielt. Der Sprecher fordert die Menschen auf, Ruhe zu bewahren. „Hier ist der freie tschechische Rundfunk", sagt er, „aber wir wissen nicht, wie lange noch." Es ist gegen vier Uhr morgens, und alle im Dorf sind mittlerweile auf den Beinen. Einige fluchen, andere weinen vor Entsetzen. „Du mußt zurück nach Prag, deine Mutter kommt sonst um vor Angst", entscheidet die Freundin der Mutter. Jemand bringt Olga in die nächste Stadt. Von dort aus nimmt ein Taxifahrer sie mit. Hinten im Wagen sitzen noch zwei Frauen. Beide weinen. Die eine, weil sie sich an den Zweiten Weltkrieg erinnert, die andere, weil ihr Freund beim Militär ist. Olga kommt die ganze Situation noch eher irreal vor. Erst als sie die Panzerspuren sieht, die sich mitten durch die erntereifen Felder gepflügt haben, ist sie wirklich erschrocken. Sie versteht nicht, warum die Russen das ganze Getreide so rücksichtslos niedergewalzt haben. Dann überholen sie Panzerkolonne um Panzerkolonne, bis sie schließlich in Prag ankommen. Dort müssen sie über die Moldau. Doch auf der Brücke steht bereits ein russischer Wachposten, der sie abriegeln soll. Der Taxifahrer flucht und tritt aufs Gaspedal. Der Soldat springt zur Seite. Weder Olga noch der Taxifahrer können sich zu diesem Zeitpunkt vorstellen, daß das Brudervolk wirklich schießt.

Die Prager Bevölkerung hat die Straßenschilder abmontiert und andere aufgestellt, um die fremden Soldaten in die Irre zu schicken. „2000 Kilometer bis Moskau". Hin und wieder verirren sich auch ein paar Panzer in die Seitenstraße, in der Olga mit ihrer Mutter wohnt. Dann sind die Kanonenrohre genau auf der Höhe ihrer Hochparterrewohnung. Olga sieht viele junge Burschen mit asiatischen Gesichtszügen. Die Mutter will, daß Olga bei ihr in der Wohnung bleibt. Doch dann kommt plötzlich der Vater vorbei, um sie in die Stadt mitzunehmen. So ist es oft mit ihm, daß er einfach aus dem Nichts auftaucht, um dann spannende Dinge mit ihr zu unternehmen oder ihr Geschenke zu machen. Später wird er Olga auch in seine Kneipen mitnehmen und ihr seine Geliebten vorstellen, die sich Olga altersmäßig von Jahr zu Jahr mehr annähern werden. Noch viel später wird der versoffene Choleriker aus Olgas Kindheit sogar ein wenig weich werden und nachdenklich. Aber er wird immer einer bleiben, der ausweicht und verschwindet. Als er an diesem 21. August plötzlich im Türrahmen steht, sieht Olga ihre Chance. Denn ihre Neugierde ist deutlich größer als ihre Angst. Sie ist heilfroh, vom Vater aus der behütenden Umklammerung ihrer Mutter befreit und wieder einmal mitten ins tosende Leben mitgenommen zu werden. Olga nutzt den Ausflug, um mit den Soldaten zu sprechen. Doch die sagen nicht viel. Olga liebt Russisch. Sie hat russische Brieffreundinnen und singt gern russische Lieder. Die Eltern haben ihr einen russischen Namen gegeben. Sie hat nie daran gezweifelt, daß die beiden Völker befreundet sind. Am Abend liegen die ersten Toten auf dem Wenzelplatz. Für Olga bricht eine Welt zusammen. Gleichzeitig lernt sie, an dem zu zweifeln, was ihr als Wahrheit verkauft wird.

Zwei Jahre lang versuchen die Menschen, sich hier und da zu widersetzen. Die Kinder boykottieren den Russischunterricht. Olga ist mittlerweile fünfzehn und von der Grundschule, die neun Jahre dauert, aufs Gymnasium gewechselt. Dem aufmüpfigen tschechischen Volk wird „Normalisierung" verordnet. Einige der Lehrerinnen und Lehrer kommen nicht mehr in die Schule. Es finden sich andere. Eine neue Jugendorganisation wird gegründet. „Wer nicht eintritt, darf später nicht studieren", heißt es. Nur wenige treten nicht ein. Olga will studieren. Die antiken Sagen und Erzählungen haben sich in ihr Gedächtnis gegraben. Sie will sich mit alten Sprachen beschäftigen und hat deshalb auch ein klassisch-humanistisches Gymnasium gewählt.

Dort lernt sie Jana und ihre beiden Freundinnen kennen. Jana ist die schönste Frau, die Olga je gesehen hat. Außerdem kann Jana Gitarre spielen und Lieder von Bob Dylan und Leonard Cohen singen, einige sogar auf Englisch. Olga ist hingerissen. Sie jobbt in den Ferien als Straßenbahnschaffnerin und kauft sich auch eine Gitarre. Dann übt sie zu Hause, täglich mehrere Stunden. Bis sie schließlich genug kann, um Jana um weiteren Unterricht zu bitten. Jana sagt ja. Sie bringt Olga auch ein wenig

Englisch bei. Dafür revanchiert sich Olga mit Nachhilfestunden. Die Eltern von Jana leben in einer prachtvollen Bürgerwohnung. Sie sind froh über die neue Freundin ihrer Tochter, nicht zuletzt weil sie so fleißig und gut in der Schule ist. Jana findet Lernen nicht ganz so wichtig. Dafür ist sie der Schwarm aller Jungen. Auch die anderen beiden Freundinnen flirten, was das Zeug hält, wenn das Quartett ausgeht. Jana sprüht dann vor Charme. Olga ist eher still. Sie kann sich nicht so recht vorstellen, daß sich einer für sie interessieren könnte. Außerdem reicht es ihr, mit Jana zusammenzusein.

Sappho. Siebentes Jahrhundert vor Christus. Olga stößt bei ihren antiken Studien auch auf die frauenliebende Dichterin. Die Gefühle, die diese ausdrückt, gehen Olga nahe. Und kommen ihr bekannt vor. Im antiken Griechenland scheint alles möglich gewesen zu sein. Eine geachtete Dichterin, die Liebesgedichte für Frauen schreibt. Kriegshelden, die ihre Kraft aus der Liebe zu einem anderen Mann beziehen. Platons Theorie über sexuelle Identitäten, die das lesbische und schwule Begehren ganz selbstverständlich neben das heterosexuelle stellt. In der Tschechoslowakei gelten derartige Empfindungen als pervers und dekadent. Olga bekommt Angst vor ihren eigenen Gefühlen und reißt das Ruder rum.

„Kurz vor dem achtzehnten Geburtstag hatte ich das Gefühl, die letzte Jungfrau in meiner Klasse zu sein. Ich hab' vorher schon mit Jungs rumgeknutscht, aber mehr nicht. Bei der Straßenbahn hab' ich dann einen Studenten kennengelernt, mit dem bin ich dann auch ins Bett gegangen. Er hatte sogar an einen Präser gedacht, das fand ich toll. Empfunden hab' ich dabei eigentlich nichts. Es hat auch nicht weh getan. Hinterher war ich froh, daß ich das nun auch erlebt hatte. Ich hab' mich dann bald von Milan, so hieß er, getrennt. Gleich danach hatte ich einen neuen Freund. Mit dem hat es dann schon mehr Spaß gemacht. Ich bin ziemlich schnell mit den Jungs im Bett gelandet. Ich hab' sie häufig gewechselt. Wenn sie allzu anhänglich wurden, hab' ich gedacht, weg mit ihm."

Das Verhältnis zu ihrer Mutter wird immer schwieriger. Die Mutter ist schwach, die Mutter kränkelt häufig und fordert ständige Anteilnahme. Ihre Gesundheit soll auch im Mittelpunkt von Olgas Interesse stehen. „Wäre ich nicht mit dir schwanger geworden, hätte ich die Krankheit vielleicht nie bekommen!" wirft sie ihrer Tochter im Streit an den Kopf. Olga soll sich schuldig fühlen und sich aufopfern. Die junge Frau aber will ihr eigenes Leben leben. Olga ist regelrecht erleichtert, als die Mutter noch einmal einen Mann kennenlernt und von da an häufig bei ihm zu Hause ist, fast hundert Kilometer entfernt von Prag. Später, als Olga schon berufstätig ist, kommt es zum Bruch. Es geht um Geld, das Olga ihrer Mutter leiht und nicht zurückbekommt. Von da an haben Mutter und Tochter sich nichts mehr zu sagen.

In der Jugendclique brechen wilde Zeiten an. Sex ist angesagt und Alkohol, viel Alkohol. Am Anfang legt Olga eine Liste an, auf der sie all die Männer, mit denen sie Sex hat, notiert. Als das erste Dutzend voll ist, hört sie damit auf. Während der zahlreichen Feten wird heftig gebechert, danach verziehen sich die Pärchen in die verschiedenen Ecken. Einmal landet Olga mit einem der Männer auf dem Doppelbett im Elternschlafzimmer der Gastgeberin. Auf der anderen Betthälfte vögeln Jana und ihr Freund. Olga hört Jana stöhnen. Das macht sie an.

Mit einundzwanzig ist sie erstmals richtig in einen Mann verliebt. Er ist Inder und bereits Mitte Dreißig. Er ist ein Freund von Olgas Vater. Als sie ihn zum ersten Mal sieht, fällt ihr sofort das *Kamasutra* ein, das sie in tschechischer Übersetzung gelesen hat. Vielleicht, so denkt sie sich, hat auch er was davon mitbekommen. Er hat. Sex mit Mahib ist „geil". Mahib besteht darauf, das Licht an- und die Decke wegzulassen. Das ist für Olga, die bereits etliche Liebhaber gehabt hat, neu. Anschauen, anfassen, entdecken – für Olga erschließt sich eine neue Dimension der

Sexualität. Als Mahib sie wegen einer anderen verläßt, ist sie am Boden zerstört.

Zum Trösten steht Jelka parat. Jelka ist ein kleiner, dicker Straßenbahnfahrer, mit dem Olga seit ihrem neunzehnten Lebensjahr mal mehr, mal weniger eng zusammen ist. Olga ist Jelkas erste Frau, und er liebt sie über alles. Klaglos erträgt er alle Nebenmänner. Manchmal darf er bei Olga wohnen. Bis sie ihn rauswirft und zum Teufel schickt. Aber Jelka kommt wieder, mit einem Blumenstrauß und einer Einladung zum Essen. Dann wird viel getrunken, und anschließend landen sie miteinander im Bett. Dann lebt Jelka wieder bei Olga, kocht und bügelt und nimmt es stillschweigend hin, wenn Olga nachts nicht nach Hause kommt. Das passiert relativ häufig. Und immer ist Alkohol im Spiel, viel Alkohol. Einmal wird Olga morgens neben einem Mann wach und weiß weder, wer das ist noch wo sie ist, noch ob sie mit diesem Mann gevögelt hat oder nicht. Völlig benommen schleicht sie auf die Straße und stellt fest, daß sie in irgendeinem Vorort gelandet ist. Zu Hause wartet Jelka. Er schimpft nicht, er brüllt nicht, er hat sich einfach nur Sorgen gemacht. „Wo warst du denn?" Olga schickt ihn zum Teufel. Er weint und geht und kommt wieder. Mit einem Blumenstrauß und einer Einladung zum Essen.

Zu dieser Zeit ist Olga bereits auf der Uni. Sie studiert Jura, denn Altlinguistik ist gerade nicht im Angebot. Außerdem studiert Jana auch Jura. Die alte Clique besteht weiter. Tagsüber büffeln sie Gesetze, abends vergnügen sie sich in den Studentenkneipen. Dort wird auch über Politik geredet. An den Sozialismus, wie er nach der „Normalisierung" wieder herrscht, glaubt niemand von ihnen mehr. Sie spüren die Repression und reden leise. Und machen Witze über das System. Bis plötzlich die Charta 77 von Hand zu Hand gereicht wird. Und viele Augen wieder zu glänzen beginnen. Und die Gespräche wieder lauter werden. Wie man ihn verändern müßte, diesen Sozialismus, ihn menschlicher machen. Natürlich druckt keine Zeitung den Text ab. Statt dessen werden zahlreiche Verrisse veröffentlicht. Das aber ist den Machthabern nicht genug. Das Volk soll demonstrieren, daß es gegen die Charta ist. Auch wenn die Menschen den Inhalt der Charta eigentlich nicht kennen dürfen. Denn diese kursiert ja lediglich im verborgenen. Unterschriftenlisten werden herumgereicht, auch an den Universitäten.

„Das war ein einschneidendes Erlebnis für mich. Da stand unsere Clique auf dem Flur. Wir fanden die Charta natürlich klasse. Da kam dann ein Assi zu uns und fragte nach unseren Unterschriften, daß wir die Charta verurteilen. Und da standen wir da und guckten schweigend. Und keiner von uns zukünftigen Juristen sagte so einen einfachen Satz wie: ‚Um zu unterschreiben, müßte ich erst mal lesen, was drinsteht.' Hinterher herrschte betretenes Schweigen. Das war das erste Mal, daß ich mich abgrundtief vor mir selbst schämte. Eigentlich war da gar kein Druck. Da war nur dieser kleine Assi, der eher verängstigt wirkte."

Noch bevor Olga ihr Jurastudium beendet, beschließt sie, nicht für die Justiz arbeiten zu wollen. Nicht in diesem System. Nach ihrem Abschluß fängt sie als Journalistin bei eine Jugendzeitung der Partei an. Hier, außerhalb der schützenden Mauern der Universität, wird ihr die Schizophrenie der gesellschaftlichen Realität noch deutlicher. Auch, daß sie aktiv daran mitarbeitet. Sie sieht das eine und schreibt das andere. Den Widerspruch spült sie mit Alkohol hinunter, betäubt ihn mit immer neuen Affären und Sex-Geschichten. Als man sie für die Parteimitgliedschaft vorschlägt, windet sie sich. Sie sei doch bereits in der Jugendorganisation aktiv! Dann kommt das Angebot, an einer Austauschfahrt für ausgewählte junge Sozialisten nach Bremen teilzunehmen. Sie fährt mit.

In Bremen hat sie das Gefühl, freier atmen zu können. Gleichzeitig packt sie die Angst. Angst davor, wider besseren Wissens nachzugeben. Die Unterschrift unter den Aufnahmeantrag für die Partei zu leisten, sobald sie nur dazu aufgefordert wird. So zu werden, wie die meisten anderen. Die Achtung vor sich selbst zu verlieren. Und letztendlich im Alkohol zu ertrinken. Als der Bus schließlich zur Rückfahrt nach Prag aufbricht, findet Olga sich nicht am vereinbarten Treffpunkt ein.

Auf der Ausländerbehörde lernt Olga einen Afrikaner kennen. Er ist einsam wie sie. Sie unterhalten sich in gebrochenem Englisch. Dann kaufen sie eine Flasche Schnaps und gehen zu ihm nach Hause. Dort tanzen sie eng aneinandergepreßt. Olga kann seinen harten Schwanz spüren und ist ziemlich scharf auf den Mann. Es wird eine geile Nacht. Anschließend fährt sie nach Hause, obwohl er sie bittet zu bleiben. Offenbar fühlt er sich noch einsamer als sie. Olga lernt andere interessante Männer auf dem Behördenflur kennen. Bis sie ihren Asylantrag durch hat und arbeiten gehen darf. Obwohl sie etwas Deutsch kann, sind die Berufsaussichten für tschechische Juristinnen nicht sehr gut. Olga findet eine Stelle als Pflegehelferin in einem Altersheim. Außerdem zieht sie in eine Studenten-WG. Der Umgang der jungen Deutschen untereinander befremdet sie anfangs. Über Gefühle zu reden, sich gegenseitig in den Arm zu nehmen ist völlig neu für sie. Besonders irritierend findet sie es bei Birgit. Die wird bald zu ihrer guten Freundin. Und zum Objekt wilder Träume. Olga verliebt sich. Als sie Birgit von ihren Gefühlen erzählt, sagt diese schlicht: „Nee, nee!" Olga hat das Gefühl, etwas ganz Fürchterliches ausgesprochen zu haben. Doch Birgit beruhigt sie. „Das ist schon okay, daß du so fühlst, aber ich bin die Falsche dafür." Ein paar Tage später schenkt Birgit ihr den Roman *Rubinroter Dschungel* von Rita Mae Brown. „Ich dachte, das interessiert dich vielleicht." Olga liest die ganze Nacht durch. Sie ist hingerissen von der Leichtigkeit und Zähigkeit, mit der die Romanheldin ihr Recht auf ein Leben nach ihrer Fasson vertritt. Eine Frau lebt ihre Liebe zu Frauen, und keine fällt in einen tiefen Abgrund. Auch in Bremen gibt es Anfang der achtziger Jahre Lesben, die Hand in Hand durch die Straßen gehen. Olga guckt genau hin. Kein Gully öffnet sich, um die Sünderinnen zu verschlingen. Und niemand wirft einen Stein. Olga läßt sich die langen Haare abschneiden.

Ihre erste Geliebte lernt sie im Altersheim kennen. Eine Aushilfe, mit der sie eine Verstorbene in den Keller rollen soll. Die beiden kommen ins Gespräch, verabreden sich auf einen Drink. Olga hat den Eindruck, daß die Frau sie irgendwie anblitzt. Sie treffen sich immer wieder, und stets flirtet die Frau mit ihr. Einmal, als sie sich verabschieden, gibt Olga der Frau einen Kuß. Und die küßt zurück, lang und heftig. Die Frau hat einen Freund, mit dem sie zusammenlebt. Doch das stört Olga nicht. Denn sie hat sich verliebt, und das allein zählt für sie. Außerdem hat die Frau sie zurückgeküßt. Also muß sie sich auch verliebt haben. Wochen später verbringen sie tatsächlich eine Nacht zusammen. Allzuviel passiert nicht, weil beide schüchtern sind und keinerlei Erfahrung haben. Trotzdem hat Olga das Gefühl, „Amerika entdeckt" zu haben. Dummerweise handelt es sich nicht um eine gemeinsame Entdeckung. Die Frau liebt ihren Freund. Olga bleibt nichts anderes übrig, als aufzugeben. Den Freund kennt Olga selbst ganz gut. Es ist der letzte Mann, mit dem sie zusammen war. Auf einer Party treffen sie sich wieder. Olga trägt die Haare mittlerweile noch kürzer und am Jackett einen Button, der ihre neu gewonnene Identität demonstriert. „Ich bin lesbisch", eröffnet sie ihm. Und er bestätigt sie, freut sich mit ihr, daß sie das herausgefunden hat. Dann liegen sie sich plötzlich in den Armen und knutschen. Und Olga ist froh, daß sie das einfach genießen kann, „ohne mehr wollen zu müssen".

Nach einem Jahr hat Olga genug vom Altersheim und beginnt noch einmal ein Studium. Außerdem macht sie sich auf die Suche nach einer Frau. Mit Hilfe einer Kontaktanzeige wird sie fündig. Das erste Treffen verläuft so alkoholreich, daß die Frau in der Kneipe stolpert und sich den Knöchel verletzt. Die erste Nacht ist kalten Umschlägen und Eiskompressen gewidmet. Olga bleibt noch weitere Nächte. Sie teilen Gudruns Bett und ihr gemeinsames Alkoholproblem. Sexuell läuft eher wenig. Obwohl Gudrun eine ausgemachte Butch ist, läßt sie sich im Bett lieber bedienen. Außerdem findet sie, daß Olga so quälend lange braucht. Trotzdem bleiben sie anderthalb Jahre zusammen. Olga genießt es, daß Gudrun ihr immer wieder mit kleinen Aufmerksamkeiten und Geschenken ihre Zuneigung demonstriert. Olga läßt Gudrun machen und bestimmen. Die ganze Zeit gibt es noch Gudruns ehemalige Freundin. Olga will gar nicht wissen, was zwischen den beiden noch ist. Bis Gudrun sich von ihr trennt.

Ihre Wohngemeinschaft, zwei Frauen und zwei Männer, ist sehr anstrengend. Sie wollen ständig wissen, wie es Olga geht. Sie ist es nicht gewohnt, danach gefragt zu werden. Sie ist es kaum gewohnt, ernsthaft darüber nachzudenken. Sie ist es auch nicht gewohnt, daß jemand sie auffängt. Genau das passiert, als Olga nach der Trennung von Gudrun nur noch ein Häufchen Elend ist. Vor allem Birgit bringt diese schier unendliche Geduld auf, die es braucht, um sich die verzweifelten Gedanken Liebeskummergeschädigter immer und immer wieder anzuhören. Der heftige Schmerz, den Olga in dieser Intensität nie zuvor gespürt hat, und die Ermutigung, darüber nachzudenken und zu reden, versetzen Olgas Schutzpanzer erste Risse.

Dann kommt Jana zu Besuch. Die beste Freundin aus Prag ist mittlerweile verheiratet und hat zwei kleine Kinder. Sie ist noch immer die schönste Frau der Welt. Gemeinsam gehen sie am ersten Abend in die Lesbendisco und trinken und reden und reden. In der WG hat Olga nur ein Zimmer. Und natürlich auch nur ein Bett. Dort tuscheln die beiden Freundinnen weiter, bis Olga schließlich allen Mut zusammennimmt und Jana küßt. Und Jana küßt heftig zurück. Viel mehr läuft nicht zwischen ihnen. Da setzt Jana eine Grenze. Trotzdem verbringen sie die gemeinsame Woche in Bremen wie zwei frisch Verliebte. Anschließend schreibt Jana lange Briefe. Daß sie völlig verwirrt sei. Daß sie sich in Olga verliebt habe. Doch Jana bleibt in ihrer Familienwelt, und die beiden Frauen bleiben Freundinnen. Und Olga hat das Gefühl, einen ganz alten und sehr wichtigen Traum wahrgemacht zu haben.

In der Bremer Szene wird Olga immer heimischer. Es gibt andere Frauen in ihrem Leben. Und es gibt immer noch den Alkohol, der eine wichtige Rolle spielt. Was Olga lange Zeit zwar hin und wieder mit Besorgnis registriert, aber dann doch immer wieder erfolgreich verdrängt. Bis zu jenem Abend. Als Olga eigentlich mit ihrer neuen Freundin verabredet ist. Aber schon am Nachmittag mit einer Bekannten das Saufen anfängt. Und die Verabredung sausen läßt. Und am nächsten Tag weitersäuft. Und die Freundin anruft und ein weiteres Mal vertröstet. Drei Tage dauert der Exzeß, dann ist Olga endlich wieder nüchtern. Der Kopf ist schwer, und die Sonne schmerzt. In der Stadt wartet eine Frau auf sie, die sie liebt und die sie drei Tage lang versetzt und belogen hat. Olga wird in diesem Moment klar, daß der Suff für sie wichtiger ist als der wichtigste Mensch in ihrem Leben. Sie beschließt, keinen Tropfen mehr anzurühren. Und hält sich dran.

Zum ersten Mal erlebt sie Sex völlig nüchtern. Ohne sich vorher Mut anzutrinken. Ohne sich die Hemmungen wegzusaufen. Es wird eine neue Erfahrung, auch weil Olga jetzt die Angst spüren kann. Diesen Impuls, sich nicht wirklich zu öffnen, sich nicht wirklich fallenzulassen, sich zu schützen gegen Empfindungen, die zu heftig werden könnten. Olga findet einen Ausweg: die Rolle der Butch, die nicht nur nach außen, sondern auch im Bett die aktive Rolle übernimmt, die die andere nimmt und sich selbst nicht verletzlich macht. Die gibt und sich darüber freuen kann, wenn sie Freude bereitet. Doch kaum eine Frau, mit der sie ins Bett geht, ist derart passiv, daß sie immer nur machen lassen will. Außerdem ist Olga klar, daß es eine Befriedigung gibt, die nur diejenige erlebt, die die Kontrolle freiwillig abgibt.

Ihren ersten Orgasmus hat Olga mit Henry Miller. Die Beschreibung einer heterosexuellen Orgie. Da ist Olga sechsundzwanzig. Und „entdeckt zum zweiten Mal Amerika". Die Szene ist so aufregend, daß sie für mindestens zehn Orgasmen reicht. Mit anderen Frauen ist das nicht so einfach. Da ist Olga immer noch zu sehr auf der Hut, als daß sie die Zügel loslassen könnte. Bis Ilka viele Jahre später in ihr Leben tritt. Die Frau macht in Leder und gehört offensichtlich zur örtlichen SM-Szene. Was Olga, die mittlerweile dreiundvierzig Jahre alt ist und sich selbstredend aus Büchern schlau gemacht hat, einerseits spannend, andererseits auch ein wenig beängstigend findet. Ilka wirbt um Olgas Gunst. Olga findet Ilka attraktiv und spannend, hält sich aber erst einmal zurück. Ihr fällt auf, daß Ilka ganz anders von Sex redet, als die Frauen, mit denen sie bisher zusammen war. Daß sie nicht „miteinander schlafen" sagt, sondern „ficken" und auch sonst etliche Pfui-Wörter in Gebrauch hat. Ilka zieht sie verdammt an. An einem Nachmittag entdeckt Olga dann „zum dritten Mal Amerika". Ilka nennt die Dinge beim Namen. Ilka wirft Olga aufs Bett und hält sie so fest, daß Olga sich gleichzeitig wehrlos und geborgen fühlt.

Sie schreckt auch nicht zurück, als Ilka sich einen Dildo umschnallt. Obwohl sie so etwas noch nie erlebt hat. Ilka grinst sie an, ein herausforderndes Grinsen, ein lockendes Grinsen, das so offen und direkt ist, daß es gleichzeitig beruhigend wirkt. Olga hat das Gefühl, daß diese Frau weiß, was sie tut. Und daß sie selbst sich einfach fallenlassen kann. Und dabei von der Hand, die ihren Nacken gepackt hat, gehalten wird. Bis Olga das halbe Haus vor Lust zusammenschreit.

„Dadurch, daß Ilka so unbefangen mit Sex umging, hab' ich auch an mir völlig neue Seiten entdeckt. Wieweit auch ich mich einfach gehenlassen kann. Wieweit auch ich eine andere Frau bringen kann. Mit ihr bin ich an Grenzen und auch hinter Grenzen gegangen. Sie war eine Frau, die auch im normalen Leben keine Grenzen akzeptiert hat. Wenn irgendwo ein Schild ‚Betreten verboten' stand, ist sie bestimmt nachsehen gegangen, was dahinter ist. Das war mir im Alltagsleben dann doch auf Dauer zuviel. Ich weiß noch, wie wir mal im Urlaub eine Wanderung gemacht haben, und ich hab' auf der Karte die Wege rausgesucht, und sie ist einfach losmarschiert über alle Weidezäune rüber. Das konnte ich nicht, ich hab' da schon auch meine Grenzen, die ich einhalte. Aber beim Sex, da bin ich mitgegangen, da hatte ich grenzenloses Vertrauen in sie. Wir sind dann auch auf Sex-Parties gegangen, haben Sachen mit anderen gemacht. Das hat mir Spaß gemacht, Sex zu inszenieren, zu spielen, immer neue Varianten auszuprobieren. Da hatte ich das Gefühl, ich muß mich nicht festlegen, nicht auf eine bestimmte Rolle, auf Butch oder Femme, dominant oder devot. Das war alles möglich. Das war eine Entdeckung und Bereicherung in meinem Leben. Das hab' ich aus dieser Beziehung mitgenommen."

„Ich empfinde mich jetzt als schöner
und mehr als Frau."

(Silke, 48 Jahre)

Was sie eigentlich an ihrem Mann gereizt habe? Lachen. „Da
muß ich ernsthaft überlegen. Das haben mich meine Kinder
auch schon gefragt." Stocken, nervöses Händeringen, intimste
Erinnerungen und Empfindungen mühsam in Worte fassen,
Schwerstarbeit. Braune Augen, die immer wieder scheu zur Seite gucken und dann doch Entschlossenheit verraten.

Plötzlich sitzt der junge Mann im Bus neben ihr. Sie hat ihn
schon ein paarmal in der Schule gesehen. Schön ist er nicht,
aber er kann erzählen, von den Reisen, die er gemacht hat, in
die Türkei und nach England, wie er sich durchgeschlagen hat
mit verschiedenen Jobs und geringen Sprachkenntnissen. Silke
schaut aus dem Busfenster. Rußgeschwärzte Backsteinsiedlun-
gen im Regen, riesige Werkstore, dahinter Ungetüme aus Kes-
seln, kilometerlangen dicken Stahlrohren und Türmen, aus denen gelber Schwefelrauch strömt. Aber die Worte des Mannes
entführen Silke an die Ägäis, lassen sie in Teehäuser blicken und
aufs Meer hinaus, bringen ihr den Duft von Eukalyptusbäumen
nahe und den Geschmack von Oliven. Das ist das erste, was ihr
gefällt an diesem jungen Mann, der sich als Frank vorstellt.

Am nächsten Tag treffen sie sich in der Schulmensa und entdecken erste Gemeinsamkeiten. Auch er ein Heimatloser, auch
er Kind von Arbeitereltern, der nach der Lehre ein neues Wag-
nis eingegangen ist, auch er auf der Suche nach einem anderen
Leben. Sie fühlt sich wohl in seiner Nähe, fühlt sich ihm verbun-
den, auch an den folgenden Tagen. Er ist nicht draufgängerisch,

versucht nicht, sie anzumachen, anders als die Männer in ihrer Klasse. Auch das empfindet Silke als wohltuend. Die späten sechziger Jahre bringen den zweiten Bildungsweg, bringen höhere Bildung auch für die unteren Klassen. Arbeitersöhne nutzen die Chance, Arbeitertöchter wagen diesen Sprung nur selten. In ihrer Klasse ist Silke die einzige Frau unter zweiundzwanzig Männern. „Was willst du denn mit dem Abitur, du hast doch eine gute Arbeit", fragt der Vater verständnislos. „Du heiratest doch sowieso", wirft die Mutter ein. Aber Silke will weiterlernen. Und sie hat dafür Geld zurückgelegt, Monat für Monat.

Wahrscheinlich erwacht ihr Bildungseifer, als sie zwölf Jahre alt ist. Da zieht die Familie wieder einmal um. Zuerst heißt ihr Zuhause Schlesien, dann Sachsen, schließlich das Erzgebirge. Hier kann der Vater, der Schreiner gelernt hat, sich hocharbeiten. Irgendwann ist er Reviersteiger im Uranerzbergbau, mit eigenem Auto und einem guten Auskommen. Aber er ist auch katholisch und er ist konservativ. Reaktionär heißt das in der DDR. Für Silke bedeutet die katholische Kirche ein Stück Geborgenheit, eine kleine verschworene Gemeinschaft, die gegen den Strom schwimmt, stolz darauf, der herrschenden Ideologie zu widerstehen. Das geht solange gut, bis deren Vertreter Ende der fünfziger Jahre drohend die Faust heben. Das Auto bleibt stehen, der Hausrat ebenfalls. Silke kann sich noch nicht einmal von ihrer besten Freundin verabschieden. Drei Lagen Kleider und eine kleine Tasche. Noch ist die Grenze frei von Mauer und Stacheldraht, aber die Ausreise ohne ausdrückliche Genehmigung steht bereits unter Strafe.

Im Schwarzwaldnest sind sie die Habenichtse und außerdem die einzigen Fremden. Silke versteht die anderen Kinder erst überhaupt nicht. Alle anderen Mädchen tragen in der Schule Schürzen. Silke möchte auch eine Schürze, damit sie wenigstens äußerlich dazugehört. Die Mutter kauft ihr keine Schürze. Die

anderen Kinder beäugen Silke mißtrauisch. Hinter vorgehaltener Hand wird im Dorf getuschelt: „Unsere sauer verdienten
Steuergelder kriegen diese Fremden in den Hintern geschoben!"
Für Silke sind die Blicke der Einheimischen ein einziger Vor-
wurf. „Warum seid ihr hierhergekommen?" scheinen sie sie zu
fragen. „Ihr gehört nicht hierher." Viel ist es nicht, was sie erhal-
ten, und der Vater hat Probleme, Arbeit zu finden. Silkes ganzes
Glück ist ein uraltes, klappriges Fahrrad, das sie zum Geburtstag
bekommt. Sie schämt sich für ihre Armut. Einmal wird sie von
einem Jungen gefragt, ob sie zu Hause eigentlich Tapeten an
den Wänden hätten. Ansonsten bleiben die anderen Kinder auf
Abstand. Silke kann ihre Interessen erst einmal sowieso nicht
teilen. Die amerikanischen Filmstars, die auf bunten Bildern
den Kaugummipackungen beigefügt sind und von den anderen
begeistert gesammelt und getauscht werden, kennt sie nicht.
Coca-Cola und Pommes frites schmecken ihr nicht. Die „Daher-
gelaufene" zieht sich in sich selbst zurück.

Die Eltern sind mit ihren eigenen Sorgen beschäftigt. Nur
manchmal geht der Vater in die Schule und fragt nach Silkes
Verhalten und Leistungen. Brav ist sie und eifrig und eine der
Besten, obwohl sie anfangs Mühe hat, dem fremden Dialekt zu
folgen, der auch in der Schule gesprochen wird. Dann kommt
der Vater nach Hause, legt die Hand auf Silkes Kopf und lobt
sie, sagt ihr, daß er sich über sie freut. Das sind die einzigen Momente, in denen Silke sich von ihrem Vater akzeptiert fühlt.
Kennengelernt hat sie ihn erst im Alter von drei Jahren. Da
stand er plötzlich vor der Tür, zurückgekehrt aus der britischen
Kriegsgefangenschaft, und es hieß, „das ist dein Papi". Doch Vater und Tochter bleiben sich fremd. Die Situation verschärft sich
für Silke noch, als ein Jahr nach der Rückkehr des Vaters ihre
Schwester geboren wird. Diese ist genauso blond wie die Eltern.
Silke dagegen ist dunkelhaarig. Ich bin das schwarze Schaf
der Familie, denkt sie später immer wieder. Sie kommt zu dem

Schluß, daß sie etwas dafür tun muß, Anerkennung und Zuneigung zu bekommen, daß sie hart dafür arbeiten muß.

Diese Erkenntnis nimmt sie mit an ihren nächsten Wohnort, wohin die Eltern kurz nach dem Intermezzo im Schwarzwald ziehen. Dabei ist im Ruhrgebiet vieles anders. Hier entstehen neue Siedlungen nicht nur für Einheimische. Menschen aus allen Teilen Deutschlands und auch aus den ehemaligen Ostgebieten finden hier Wohnung und Arbeit. Plötzlich sind sie Fremde unter Fremden und somit ein bißchen mehr heimisch. Die Eltern pachten einen Kleingarten, ein paar Quadratmeter Obst und Gemüse, die signalisieren, daß sie es diesmal vielleicht länger mit dem Ort versuchen wollen. Der Vater fährt wieder in den Berg ein. Das Kreuz, das sie von Schlesien mit hierhergebracht haben, hängt wieder über dem Küchentisch. Sonntags geht die Familie zur Messe, aber es ist anders als früher in der DDR. Keine verschworene Gemeinschaft mehr, statt dessen erstarrte Rituale. Trotzdem zieht es Silke in die Kirche.

„Ich hab' mich zu dem Ritual hingezogen gefühlt, zu den Gesängen, die damals noch auf Lateinisch waren. Das fand ich toll. Dieses Ritual ist ja auch etwas Wundersames, mit dem Weihrauch, den Kerzen, den Heiligenstatuen. Gott war für mich einer, bei dem ich mich aufgehoben, geborgen fühlen konnte. Angst hatte ich nicht vor ihm, denn ich war ja eher brav. Ich hab' beherzigt, was in der Kirche gepredigt wurde. Später, als ich dann auf der Uni war, hab' ich mir meine eigene Meinung gebildet. In der Kirche gab es ja auch immer diese Hirtenbriefe, in denen zum Beispiel die Partei nahegelegt wurde, die die Gemeinde wählen sollte. Da hat es dann bei mir *klick* gemacht, als ich mich weiterorientierte. Aber die katholische Sexualmoral hat ihre Spuren hinterlassen. Ich war schon eher verklemmt. Jetzt bin ich nicht mehr religiös. Was mich immer noch anspricht, sind russisch-orthodoxe Gottesdienste mit ihren Gesängen. Manchmal gehe ich da hin, obwohl ich genau weiß, daß da sicherlich genauso ein Unsinn verzapft wird wie in der katholischen Kirche."

Bis sechzehn geht Silke auch regelmäßig zur Beichte. Die Sünden, die sie begeht, kommen auf der katholischen Sündenliste eigentlich gar nicht vor. Trotzdem fühlt sie sich manchmal als „kleines Sünderlein". Allerdings muß sie die allerkleinsten Fehltritte ausschmücken, um überhaupt etwas zu beichten zu haben. Silke ist unauffällig und fleißig, auch wenn sie jetzt keine Außenseiterin mehr ist, wieder eine beste Freundin hat und sich hin und wieder mit Jungen trifft. Doch mit ihnen verhält sie sich zurückhaltend, denn für Silke geht ihre Ausbildung vor.

Für die Eltern ist klar, daß das Mädchen nach der Volksschule eine Lehre machen soll, irgendwas Handwerkliches. Silke aber will weiterlernen. Von ihrem Lehrer bekommt sie Unterstützung. Sie wechselt auf die Handelsschule. Dort lernt sie eine Lehrerin kennen, die ihre Vertraute wird und mit der sie noch heute Kontakt hat. Die Frau hilft ihr, eine Strategie zu entwickeln, um schließlich studieren zu können. Nach der Handelsschule macht Silke eine Banklehre, arbeitet dann zwei Jahre in einer Baufirma. Danach geht sie aufs Oberhausen-Kolleg, um dort das Abitur nachzumachen. Im angeschlossenen Internat kann sie preiswert wohnen. Auch hier findet Silke wieder eine gute Freundin.

„Wir haben uns da ein Zimmer geteilt, es gab dort nur Zweibettzimmer. Ich hab' durch meine vielen Wohnortwechsel nie viele Freundinnen gehabt, aber ich hatte immer eine beste Freundin, und die fand ich immer toll. Ich hab' schon manchmal auch für Frauen geschwärmt, für Lehrerinnen oder auch für Kolleginnen, aber da hab' ich überhaupt nie an engere Beziehungen gedacht."

Mit Frank, ihrer Busbekanntschaft, entwickelt sich dagegen eine Liebesbeziehung. Allzu verliebt ist sie nicht in ihn, auch wenn sie mittlerweile erste Zärtlichkeiten austauschen. Es ist ihr angenehm, in seiner Nähe zu sein, und obwohl ihr Frank für ihre Lebensplanung, die eigentlich die Beendigung der Ausbildung vor eine ernsthafte Beziehung stellt, eher ungelegen kommt, beginnt sie von einer gemeinsamen Zukunft zu träumen.

Frank, der zwei Klassen weiter ist, wechselt als erster zur Universität. Als auch Silke schließlich auf die Uni wechseln will, hat ihr Verlobter Vorbehalte. „Es reicht doch, wenn ich studiere. Wir werden doch eh heiraten", sagt er, und als sie nicht einverstanden ist: „Wenn du schon unbedingt auf die Uni willst, dann such dir wenigstens einen möglichst kurzen Studiengang aus. Schließlich werde ich später als Lehrer das Geld verdienen." Silke zögert, hat das unbestimmte Gefühl, daß er nicht das Recht hat, sich in ihre Ausbildung einzumischen. Außerdem würde sie gern für das Lehramt an weiterführenden Schulen studieren. Aber sie gibt nach, wählt die Ausbildung zur Grundschullehrerin. Denn mit Frank, so hofft sie, gibt es einen Neuanfang. Eine regionale Heimat hat sie sowieso nicht, die Klasse ihrer Eltern verläßt sie freiwillig. Der Abschied erfolgt nicht ohne Wehmut, aber gleichzeitig eröffnet er ihr neue Chancen. Und Frank ist in derselben Situation.

An der Uni lernen sie neue Leute kennen, engagierte Mitstudentinnen und -studenten, die sich für die Öffnung der Hochschulen für breitere Schichten einsetzen. Da passen Silke und Frank als echte Arbeiterkinder und Absolventen des zweiten Bildungswegs gerade rein. Sie schließen Freundschaften und bauen gemeinsam an ihrem neuen Leben. Für Silke steht lediglich fest, daß sie erst das Studium beenden will, bevor sie heiraten. Und sie weiß, daß sie vorher nicht mit Frank schlafen wird, auch nicht, als sie schon verlobt sind. Da ist sicherlich die Angst vor einer ungewollten Schwangerschaft, vor allem aber – Studentenbewegung hin, Studentenbewegung her – die katholische Sexualmoral. Frank fügt sich grummelnd. Silke wird später mehr als einmal Gelegenheit haben, sich darüber zu ärgern, Franks

Eignung als Liebhaber nicht vorher ausprobiert zu haben: „Wie blöd ich war, wie blöd!"

Beide freuen sich „tierisch" auf die Hochzeitsnacht, aber die wird, ganz ohne Franks Zutun, ein Fiasko. Sie findet im Wohnort der Eltern statt, in einem Pensionszimmer, das sich das Paar nicht selbst ausgesucht hat. Als sie dort ankommen, treffen sie auf ein Wirtspaar, das sichtlich übelgelaunt ist, weil es bereits spät ist. Das Zimmer erweist sich als Absteige mit schmutzigorangen Vorhängen und Bettwäsche, die noch die Spuren zumindest des letzten Übernachtungsgastes trägt. Hintereinander gehen Silke und Frank ins Bad, aufgeregt und angewidert zugleich. Dann kriechen sie in das schmuddelige Bett. Und tun das einzig Sinnvolle: Sie kuscheln sich aneinander und schlafen ein.

Dann wartet ihr neues Zuhause auf sie, die frisch bezogene gemeinsame Wohnung. Doch auch hier will sich die Lust auf Sex nicht einstellen. Was Silke früher freudig erwartet hat, flößt ihr plötzlich Furcht ein. Es dauert einen Monat, bis die Jungvermählten wirklich miteinander schlafen. Silke hat Angst an diesem Abend, und es tut ihr weh. Es dauert, bis ihr der Sex mit ihrem Mann Spaß macht. Zu ihrem Bedauern kommt das allerdings ziemlich selten vor. Frank hat offenbar wenig Bedürfnis nach Sex. Und er legt Wert darauf, daß die Initiative von ihm ausgeht. Sobald Silke aktiv wird, wehrt er ab. Damit kann er nicht umgehen. Folgerichtig ist er auch ein überzeugter Anhänger der Missionarsstellung und für Experimente aller Art so gar nicht aufgeschlossen. Silke hat entsprechende Schwierigkeiten, ihr Sexualleben zu entfalten. Aber sie ist geduldig.

„Orgasmen hatte ich eher selten. Immer dann, wenn ich anschließend schwanger wurde, hatte ich einen. Das ist bei drei Kindern und einer Abtreibung nicht so häufig. Ich bin schon voller Elan und voller Freude in die Ehe gegangen. Damals hab' ich noch gedacht, na ja, Sex ist ein Teil, aber das Zusammenleben an sich und auch der Stand der Ehe ist eine andere Sache.

Außerdem hab' ich eigentlich immer gehofft, daß das mal besser wird."

Auch bei der Bewältigung des gemeinsamen Haushalts hat Silke viel Raum für Hoffnungen. Denn Frank erweist sich als stinkfaul. Spätestens beim ersten Besuch ihrer Schwiegermutter weiß Silke, woher der Wind weht. Als Schwiegermama ihren Liebling mit dem Spültuch erwischt, schreit sie auf: „Aber Junge, wenn ich da bin, brauchst du das doch nicht zu machen." Und ganz schnell läßt der Junge den Lappen fallen. Und Silke knirscht mit den Zähnen. Aber weil sie fest davon überzeugt ist, daß Frank diese Erziehung überwinden kann und sehr wohl in der Lage ist, Verantwortung für den gemeinsamen Haushalt zu übernehmen, versucht sie es mit Argumenten. Was dann meist so aussieht, daß er gemütlich am Tisch sitzt, während sie miteinander diskutieren, derweil sie nebenbei den Abwasch macht oder die Wäsche bügelt. Aber so schnell gibt Silke nicht auf.

„Ich bin eigentlich immer schon von einer Gleichrangigkeit zwischen Menschen ausgegangen. Ich bin ja auch ausgeschert und hab' gedacht, was Männer können, kann ich auch. Ich hab' das auf alle Ebenen bezogen. Ich bin davon ausgegangen, daß mein Mann das auch so sieht. Aber er hat sich gedrückt, wenn es eben ging. Das hat sich noch verstärkt, als die Kinder kamen. Alles, was mit Kindern zusammenhing, war Frauensache. So verhielt sich auch mein Mann, ich hab' ihn ganz mühsam dazu gekriegt, daß er auch mal was mit den Kindern macht. Er hat immer nur gesagt, wenn die Kinder mal größer sind, mach' ich was mit ihnen. Ich hab' immer gedacht, so wie ich auch in die Ehe gegangen bin, wir machen alles anders als unsere Eltern, und wir machen es auf jeden Fall besser, man muß sich nur genug lieben, dann klappt das schon."

Eine immer wiederkehrende Szene: Silke kommt abends von ihrer Arbeit als Volkshochschullehrerin nach Hause. Frank, der als Lehrer nachmittags daheim ist, sitzt am Schreibtisch. Aus der Hose des Kleinen dampft es verdächtig, die Große quengelt vor Hunger. Frank grinst und tut so, als habe er all das gar nicht bemerkt.

Als ihr klar wird, daß ihr Mann keine große Hilfe ist, besorgt Silke sich die Unterstützung anderweitig. Gemeinsam mit Silkes Eltern ziehen sie an den Niederrhein, in ein Doppelhaus im Grünen. So kommt die Mutter mit ihren Asthmaanfällen aus dem Kohlenpott raus, findet der Vater, der mittlerweile mit Staublunge in Frühpension ist, eine neue Aufgabe im Garten. Und Silkes Bruder, ein Nachzügler, der fünfzehn Jahre jünger ist als sie, hat dadurch in seiner Schwester eine Vertraute und zweite Mutter in seiner Nähe. Außerdem werden Silkes kleine Kinder regelmäßig von der Großmutter gehütet. Silke fühlt sich im Verbund der Großfamilie geborgen, hat jetzt Menschen, mit denen sie reden kann und die sie unterstützen. Es fällt ihr gar nicht auf, daß Frank auffällig oft außerplanmäßige Arbeitstreffen mit Referendarinnen hat.

Frank träumt noch immer von fremden Ländern. Er möchte gemeinsam mit der Familie weit fortgehen, in den Auslandsschuldienst versetzt werden. Ein befreundetes Paar soll ihnen dabei helfen. Der Mann ist Nigerianer und will nach vollendetem Studium in sein Heimatland zurückkehren, um dort beim Aufbau des Landes zu helfen. Er fliegt schon einmal nach Hause, um das Terrain für eine gemeinsame Zukunft der beiden Familien zu sondieren. Die Frau ist Silkes beste Freundin. Gemeinsam mit ihr und den Kindern machen Silke und Frank einen Kurzurlaub in Belgien, wo sie von Freunden ein Haus mieten. Sie wollen dort über den Umzug nach Nigeria beraten.

Vier Kinder und drei Erwachsene sitzen in der Küche beim Frühstück. Draußen scheint die Sonne. Die Kinder sind ungeduldig, wollen raus, spielen. Da gibt es diesen kleinen Bach, der zwischen den Wiesen entlangfließt, nicht weit vom Haus entfernt. Die Großen sollen mitkommen und mit ihnen Stöcke schwimmen lassen und Steine ins Wasser werfen. „Einer von uns muß noch los, Milch und Kartoffeln kaufen", sagt Ulrike, die Freundin. Und sie bietet an, den Einkauf zu übernehmen. „Dann gehen wir mit den Kindern schon los, und du kommst gleich nach." Silke freut sich auf den Spaziergang. Doch Frank schüttelt den Kopf. Er habe Klassenarbeiten mitgenommen, die er noch korrigieren müsse. Er würde dann später nachkommen. Die Kinder sind enttäuscht, Silke auch. Und dann sieht sie die Blicke, die zwischen Frank und Ulrike getauscht werden, und für einen Moment wird sie mißtrauisch. Doch dann zerren bereits die Kinder an ihr. Vier Paar Gummistiefel, die über ungeduldige Füße zu ziehen sind, vier Jacken, in die zappelnde Kinderarme zu zwängen sind, lassen keinen Raum für düstere Gedanken.

Draußen riecht es nach Herbst und nasser schwerer Erde. Die Kinder laufen vor, bunte, lachende Energiebündel, und Silke lacht mit. Und wirft Steine und läßt Stöckchen schwimmen, bis es mittag ist. Weder Frank noch Ulrike sind aufgetaucht. Die Kinder haben Hunger. „Bestimmt hat Ulrike schon gekocht", versichert Silke ihnen und weiß dabei nicht, ob sie selbst an ihre Worte glauben soll. Vorsichtshalber schickt sie die Kinder erst einmal in den Garten. Es ist ganz still, als sie ins Haus kommt, keine Spur von Essensgeruch. Leise schleicht Silke die Holztreppe hinauf, mit Herzklopfen, das sich bei jedem Stufenknarren steigert. Dann hört sie die Geräusche. Sie kommen aus Ulrikes Schlafzimmer. Die leisen Schreie ihrer besten Freundin, das rauhe Hecheln ihres Mannes. Sie steht da und wartet, bis sich ihr Magen schmerzvoll zusammenzieht. Dann geht sie leise nach unten und setzt Wasser für Nudeln auf. Denn Kartoffeln gibt es natürlich nicht. Nach dem gemeinsamen Essen, das bis auf die Kabbeleien der Kinder sehr schweigsam verläuft, besteht sie darauf, sofort abzureisen.

Zu Hause weigert sich Frank, die Beziehung mit Ulrike abzubrechen. Er sei nun einmal verliebt, und allein das zähle für ihn.

Silke versucht es mit Argumenten, Jammern und Schimpfen, doch ohne Erfolg. Die Beziehung ist dann schnell beendet, als Ulrikes Mann aus Nigeria zurückkommt und dafür sorgt, daß Ulrike mit den Kindern unverzüglich mit ihm nach Afrika zieht. Plötzlich ist Frank ganz Reue und Zerknirschtheit. Er bittet Silke um Verzeihung und um eine zweite Chance. Silke verzeiht und glaubt an den Neuanfang. Sie wird erneut schwanger. Und Frank beginnt eine neue Affäre. Als Silke ihn damit konfrontiert, leugnet er und macht munter weiter. Die Geburt verläuft schwierig, lang und schmerzhaft. Hinterher gibt es von Frank den obligatorischen Blumenstrauß. Die Rosen haben längst ihre rote Farbe verloren. Abwesend hält er ihre Hand. Silke weiß, daß es die andere gibt, aber sie kann dieses Phantom nicht fassen. Völlig erschöpft von der Geburt, schlittert sie von einer Krankheit in die nächste: Rippenfellentzündungen, Lungenentzündung. Pflege und Kinderbetreuung übernehmen Mutter und Schwiegermutter. Frank geht derweil seiner Wege. Als Silke halbwegs bei Kräften ist, bittet sie ihn, auszuziehen. Er weigert sich, will seine Kinder nicht verlassen, wie er sagt.

„Ich hab' dann gedacht, ich bin doch nicht für Kinder und Küche zuständig und für sein Wohlergehen, und von ihm kommt gar nichts. Da hab' ich erste Schritte eingeleitet, bin zum Rechtsanwalt gegangen. Der hat ihm dann einen Brief geschrieben. Daraufhin hat Frank sich eine Wohnung gesucht und ist ausgezogen. Aber bereits einen Tag später war er wieder da. Er würde es ohne mich und die Kinder nicht aushalten. Und er hat mir hoch und heilig versprochen, die andere Beziehung aufzugeben. Das hat dann drei Wochen gedauert, wir haben einmal miteinander geschlafen, und prompt war es wieder passiert. Die andere hatte er aber immer noch. Da hab' ich dann abtreiben lassen und ihn mit Nachdruck aufgefordert, auszuziehen. Das war dann das Ende."

In dem Zweihundert-Seelen-Dorf ist nicht Frank der Mistkerl, sondern Silke die Frau, mit der irgend etwas nicht stimmen kann. „Was ist das für eine Mutter", zischeln die Nachbarinnen, als sie Silkes Kinder am Sonntag barfuß auf der Straße sehen. „Was war denn das für ein fremdes Auto, das da die ganze Nacht vor Ihrem Haus geparkt hat?" fragt scheinheilig die Frau von nebenan über den Gartenzaun hinweg. Ein Mann, auch ein Ehemann, habe nun einmal das Recht, hin und wieder seine eigenen Wege zu gehen, findet der Vater. Mann und Frau gehören zusammen, zumal wenn Kinder da sind, ergänzt die Mutter. „Du bist verrückt, eine Frau mit drei Kindern und läßt den Mann einfach gehen", kritisiert sie. Silke hält diese Atmosphäre ein Jahr lang aus. Dann zieht sie zusammen mit ihrer Freundin Petra, die auch geschieden ist und ebenfalls drei Kinder hat, in ein Haus in der nächsten größeren Stadt.

Derweil hat das Gezerre um die Kinder begonnen. Frank will auf seine Kinder nicht ganz verzichten und fordert deshalb, sie aufzuteilen. Er hat sich bereits das mittlere Kind, den ersten Sohn, ausgeguckt. Silke dagegen besteht darauf, daß die Kinder zusammenbleiben. Immer wieder treffen sie sich, um zu streiten. Irgendwann hat Silke genug. „In Ordnung, dann nimm du eben alle drei Kinder." Da wird Frank sichtlich blaß. So habe er das nun auch wieder nicht gemeint. Von da an ist das Thema Kinderteilung erledigt. Doch auch das Jugendamt will seinen Beitrag leisten. Mehrmals bestellen die Mitarbeiterinnen Silke zu Terminen, um zu prüfen, ob sie geeignet ist, für ihre Kinder zu sorgen. Frank wird kein einziges Mal vom Amt behelligt. Das ärgert Silke. Aber sie bekommt das Sorgerecht.

In der Küche ist ein großer alter Holztisch, auf dem noch zwei Kaffeetassen stehen. Während Silke die Kartoffeln aufsetzt und das Gemüse dünstet, wäscht Petra den Salat und deckt den Tisch. Ihre Wangen sind gerötet, die Fensterscheiben sind vom Wasserdampf beschlagen. Aus den übrigen Räumen schallen die Rufe spielender Kinder. Seit Jahren kommen Silke und auch die Kinder zum ersten Mal wieder zur Ruhe. Lachend erzählt Petra, die ältere der beiden Frauen, von ihrer neuesten Eroberung. Jünger als sie und so verliebt. „Ich hab' das Gefühl, schon richtig alt zu sein, als wäre bereits alles vorbei", sinniert Silke. Petra lacht sie aus: „Mit Mitte Dreißig schon alt, du spinnst ja wohl!"

Die Männer heißen Ralf oder Dirk oder Peter, so genau weiß Silke das nicht mehr, und es ist eigentlich auch egal. Sie lernt sie im Lehrerseminar kennen. Denn jetzt, zehn Jahre nach dem ersten Staatsexamen, macht Silke endlich das zweite. Ihre Ausbildungsklasse ist eine „irre Truppe". Viele sind wie sie schon etwas älter, haben bereits in anderen Berufen gearbeitet und fühlen sich ein wenig, als wären sie noch einmal an der Uni. Tagsüber wird gelernt und gearbeitet, nachts um so lieber gefeiert. Weil Silke besonders zentral wohnt, wird ihr Haus zum Treffpunkt für Arbeitsgruppen und Feten. Rotwein, Pink Floyd, ausgelassenes Tanzen und das Lächeln von Ralf, Dirk oder Peter, den sie später lachend mit auf ihr Zimmer nimmt, wenn sie will, dem sie die Haare zerzaust und dem sie in die Hose faßt, wenn ihr danach ist, von dem sie sich holt, was sie haben will, und den sie vor dem Morgengrauen fortschickt, weil sie nicht will, daß die Kinder ihm am Frühstückstisch begegnen. Silke genießt es, sich vom Diktat der Passivität und der Missionarsstellung zu befreien. Und wenn Ralf oder Dirk oder Peter sie dann streicheln oder mit ihr schlafen, gibt es in ihrem Kopf eine Explosion, wie sie sie bei Frank nie erlebt hat. Wenn sie an ihren Ex-Gatten denkt, streckt sie ihm innerlich die Zunge raus: „Ha, was du kannst, kann ich auch!" Und doch bleibt auch bei den anderen Männern immer ein Rest Vorbehalt, ein Auf-der-Hut-Sein und ein unbekanntes Land, ihr eigener Körper, der ein wenig fremd daliegt, während das Zentrum ihrer Lust seine Signale direkt ans Hirn sendet.

Wirklich verliebt ist sie vor allem in den ersten Mann nach Frank. Aber ihr wird nie klar, ob es daran liegt, daß sie sich mit ihm gemeinsam ihre Lebendigkeit zurückerobert, oder ob sie tatsächlich ihn meint. Die anderen hat sie gern, aber nicht gern genug für eine neue Bindung. Heirats- und sonstige Anträge lehnt Silke kategorisch ab.

„Ich hab' mich eine ziemlich lange Zeit ausgetobt, dann war es irgendwann genug. Das wiederholte sich auch. Was mir auch gereicht hat, waren dann die Besitzansprüche, auch von solchen Männern, mit denen ich eigentlich nur lose zusammen war. Daß die dann den Anspruch hatten, es müßte regelmäßiger sein, daß wir zusammentreffen, oder es müßte gleich 'ne enge Verbindung geben. Und das wollte ich auf keinen Fall. Außerdem konnte ich zwar beim Sex jetzt schon mehr mitbestimmen, aber trotzdem habe ich immer wieder die besondere Position des Mannes herausgespürt. Ich könnte kein konkretes Beispiel nennen, das war mehr ein Gefühl, mittlerweile war ich ja doch recht empfindlich für so etwas. Und da hab' ich gedacht, das kann es nicht sein. Da hab' ich mich erst einmal zwei bis drei Jahre zurückgezogen und mir Gedanken gemacht, was ich eigentlich mit meinem Leben will."

Mittlerweile ist Silke in den Achtzigern angelangt, und Selbsterfahrungsgruppen für Frauen schießen wie Pilze aus dem Boden. Selbst in der kleinen Stadt am Niederrhein beginnen Frauen sich plötzlich an der Volkshochschule zu treffen und auszutauschen. Die Gruppen sind nicht explizit feministisch, heißen „Frauen reden miteinander" und sind für viele eine kleine Sensation. Denn daß Frauen sich über ihren Alltag austauschen, sich gemeinsam ihren Frust von der Seele reden, sich gegenseitig Mut machen, Tips geben und Hilfestellung bieten, ist relativ neu. Silke besucht mehr als eine Gruppe, nimmt an Wochenendseminaren teil. Und ist mit der Aufbruchstimmung, die sie in sich selbst spürt, nicht mehr allein. Das Buch *Ich bin ich* von Judith Jannberg wird für sie zu einem Stück praktische Lebenshilfe. Sie liest es immer wieder neu, schlägt einzelne Stellen nach, bis das Buch ganz abgegriffen ist. Silke findet sich wieder im Aufbruch der Protagonistin, die die Nase voll hat von ihrem Kerl. Nach einer Lesung der Autorin, als sich die Zuhörerinnen noch zum Gespräch in der Wohnung der Veranstalterinnen versammeln, nimmt Silke zum ersten Mal bewußt Lesben war. Zwei Frauen, die Hand in Hand dort sitzen, sonst nichts. Das Bild geht Silke nicht mehr aus dem Kopf. Silke stürzt sich auf die Literaturempfehlungen, die zum Schluß der Lesung noch gegeben werden. Darunter sind auch einige der ersten zarten Pflänzchen an Lesbenbüchern. Silke ist davon fasziniert. Und dann hat sie ein Aha-Erlebnis. Für einige Zeit vertritt sie eine Kollegin in einem Deutsch-als-Fremdsprache-Kurs an der Volkshochschule. Hinterher erzählt ihr die Kollegin dann, daß eine etwas ältere Teilnehmerin von ihr geschwärmt habe. Wenn Silke ein Mann gewesen wäre, hätte sie sich glatt in sie verliebt, habe die Frau gesagt. Wie blöd auch, denkt Silke, warum kann sie sich denn nicht so verlieben? Warum gibt es diese Hürden? Wenn es so etwas wie Liebe gibt, warum muß sie sich auf das andere Geschlecht beschränken?

Eine Weile bleibt es noch beim Denken und theoretischen Erörtern. Eine Gesprächspartnerin findet Silke in Maren, die gerade mitsamt ihren fünf Kindern den Gatten verlassen hat. Silke und ihre Mitbewohnerin Petra bieten Hilfe an. Maren erweist sich als interessierte und informierte Gesprächspartnerin in Sachen lesbisches Leben. Ihre älteste Tochter ist lesbisch. Marens Interesse ist eher theoretisch. Silke dagegen liebäugelt mehr und mehr mit der Praxis. Gemeinsam gehen sie zu ihrem ersten Frauenschwof. Walpurgisnacht in der nächsten großen Stadt. Sie lachen und tanzen viel und finden alles ungeheuer aufregend. Hinterher fragt Maren Silke, ob sie bei ihr übernachten wolle. Silke sagt ja und denkt sich nichts dabei. Schließlich gehört Maren eindeutig in die Abteilung theoretische Erörterungen. Doch dem ist nicht so. Maren macht Silke an, und diese ist angetan. Aus der ersten Nacht wird eine Liebesbeziehung.

„Ich war völlig von der Rolle, kam gar nicht mehr davon los. Wir haben uns gefühlt wie zwei Liebende, die die Liebe neu erfinden. Ausprobieren und keine Tabus haben und gleichzeitig Bedürfnisse haben, die auch übereinstimmen. Ob wir jetzt den Finger nahmen oder die Zunge oder uns nur gestreichelt haben, das entsprang einem momentanen Bedürfnis, war nicht so festgelegt wie mit Männern, die immer glauben, ihr heiliges Teil sei das Zentrum aller Dinge. Ich hab' das später auch mit anderen Frauen erlebt. Daß Sex mit Frauen viel abwechslungsreicher ist. Außerdem sind sie viel ausdauernder als Männer, Zeit spielt keine Rolle. Und es ist schön, Zärtlichkeiten auszutauschen, die zum Akt führen können, aber nicht unbedingt müssen. Bei Männern ist das ja nie auseinanderzuhalten, zumindest ist das meine Erfahrung. Außerdem ist mit Frauen der Wechsel von Aktivität und Passivität viel einfacher und auch angesagt. Diese Ebenbürtigkeit beim Sex ist viel deutlicher. Bei Männern hatte ich schon immer auch das Gefühl, daß ich eine bestimmte Funktion hatte. Klar, die fanden mich klein und zierlich und sicher auch ganz nett, aber ich weiß nicht, ob die mich wirklich gesehen haben. Mit meiner ersten Frau war es dann so, daß wir uns schön fanden, daß wir uns das auch sagen konnten. Ich empfinde mich jetzt als schöner und mehr als Frau als vorher, auch sinnlicher, und ich konnte das auch zulassen. Mein eigener Körper war mir plötzlich viel näher, viel vertrauter. Wenn ich mich selbst anfaßte, konnte ich Schmetterlinge im Bauch fühlen. Und ich hatte nicht mehr die Angst, mich zu verlieren. Ich denke, auch wenn das sehr abgedroschen klingt, daß auch der Aspekt der Mütterlichkeit eine große Rolle spielt, das Verstehende, das Entgegenkommende, was auch Geborgenheit gibt. Du glaubst bei Frauen manchmal, du zerschellst irgendwo, aber du zerschellst nicht, du wirst aufgefangen."

Silke ist verliebt bis über beide Ohren und hofft auf das große Glück mit Maren. Doch das will sich nicht so recht einstellen.

Denn Maren ist über die Trennung von ihrem Mann noch nicht so weit hinweg, daß sie sich auf eine neue Bindung einlassen kann. Sie sucht erst noch ihren eigenen Weg. Um Raum zu gewinnen, zieht sie nach Süddeutschland. Eine Fernbeziehung beginnt, geprägt von Silkes Wunsch nach Nähe einerseits und Marens Bedürfnis nach Distanz andererseits. Nah kommen sie sich vor allem im Bett. Aber über flüchtige Begegnungen, gemeinsame Wochenenden, während derer Silke irgendwie die Kinderbetreuung organisiert, um ihrer Liebsten nahe sein zu können, kommen sie nicht hinaus. Trotzdem hält die Beziehung vier Jahre lang.

Jahre, in denen Silke sich erst einmal an den Gedanken gewöhnen muß, lesbisch zu sein. Sie erzählt es nur wenigen Leuten. Auch von den Kindern weiht sie lediglich Eva, die Älteste, ein, die vierzehn ist, als Silke sich in Maren verliebt. Den Aufhänger bietet Evas Interesse für Schwule. Während Lesben noch immer eher unsichtbar sind, hat die schwule Subkultur Ende der achtziger Jahre die Anonymität verlassen, ist nicht nur zum Hätschelkind der Medien avanciert, das den Stoff bietet für unzählige Geschichten von schrill bis menschelnd, sondern hat auch eigene Film- und Buchproduktionen hervorgebracht sowie Modetrends kreiert, die begierig von der heterosexuellen Mehrheit übernommen werden. Schwul ist in diversen Kreisen schick, und Eva ist fasziniert. „Kannst du dir vorstellen, daß es das unter Frauen auch gibt?" Eva schaut ihre Mutter an. Klar, sie ist schließlich nicht blöd. Silke erzählt ihr von ihrer Liebesgeschichte mit Maren. Und Eva findet nichts dabei. Lesbischsein ist für die Pubertierende nicht gerade besonders schick, aber auch nicht schlimm. Damit ist für Mutter und Tochter das Thema erledigt.

Bis Eva in die Klinik muß, weil sie nur noch vierzig Kilo wiegt. Die Diagnose ist Silke bereits klar: Magersucht. In der therapeutischen Klinik soll die ganze Familie in den seelischen Heilungsprozeß miteinbezogen werden. Der Vater sieht sich dafür nicht zuständig. Silke bittet ihn, auch zu den Gesprächen zu kommen. „Wieso? Schließlich ist sie unter deiner Obhut magersüchtig geworden!" wirft er ihr an den Kopf. „Das wird schon seine Gründe haben. Jetzt guck auch selbst, wie du damit klarkommst!" Die Therapeutin schreibt ihm einen wütenden Brief. Er schreibt zurück. Keine Zeit, keine Lust. Der Vater ist aus dem Spiel, die Mutter-Tochter-Beziehung dafür von besonderem Interesse. Die Therapie wird nach dem Klinikaufenthalt fortgesetzt. Mal geht Eva allein hin, mal, wenn Eva über bestimmte Dinge reden will, gehen Mutter und Tochter zusammen. Manchmal redet die Therapeutin allein mit Silke. „Ich glaube", sagt sie bei einer dieser Begegnungen, „daß Eva auch deshalb magersüchtig geworden ist, weil sie in ihrer lesbischen Mutter als Frau keine natürliche Orientierung hat." Der Schlag sitzt. Denn Silke fragt sich seit langem, was sie wohl falsch gemacht hat. Die Therapeutin hat den Finger genau in die Wunde gelegt. Silke fühlt sich schuldig, schuldig, schuldig. Und traut sich nicht, mit ihrer Tochter darüber zu reden. Zum Glück gibt es diese kleine Stimme im Hinterkopf, die auf Silke einredet, daß erstens die Hetero-Therapeutin keine Ahnung von gar nichts hat und zweitens der Vater, der sich einen ziemlichen Dreck um das Wohlergehen seiner Kinder schert, auch seinen Anteil haben dürfte. Beim nächsten Treffen mit der Therapeutin hat Silke ein paar Bücher mitgebracht. „Falls Sie vielleicht mehr über lesbisches Leben und Lesben-Beziehungen wissen möchten." Beim übernächsten Treffen reden die beiden darüber, die Therapeutin stellt Wissensfragen. „Eigentlich könnte ja auch ich eine potentielle Liebhaberin von Ihnen sein oder werden", sagt sie plötzlich. Silke muß sich ein Grinsen verkneifen und fragt sich, ob die gute Frau wohl glaubt, daß Lesben über alles herfallen, was weiblich ist. Auf jeden Fall erreicht sie, daß ihre Liebe zu einer Frau nicht mehr als Sündenbock für die Probleme ihrer Tochter herhalten muß. Schuldgefühle hat sie trotzdem. Und sie hat das Gefühl, daß auch Eva ihr insgeheim die Schuld gibt, es ihr aber nicht sagen will. Was nicht der Fall ist, wie Silke herausfindet, als sie endlich doch mit ihrer Tochter redet. Denn diese weiß selbst nicht, wie das kam, daß sie plötzlich nicht mehr essen wollte und später dann auch nicht mehr konnte. Silke und Eva führen in den kommenden Jahren noch viele Gespräche, ohne diesbezüglich viel weiterzukommen. Immerhin beginnt Eva langsam wieder zu essen. Und kommt irgendwann mit einem jungen Mann nach Hause. Silke ist erleichtert, daß ihre Tochter jetzt ein eigenständiges Liebesleben hat. Zudem mag sie den Freund, und der kommt gern. Auch seine Eltern lernt sie kennen. Und die reagieren überhaupt nicht komisch darauf, daß Eva eine lesbische Mutter hat. Was dann auch Eva Mut macht, anderen von ihrer Mutter zu erzählen. Das hat sie in der Schule bisher lieber vermieden. Und dann ist Eva eines Tages flügge und zieht zum Studium an die Elbe.

Eine Telefonzelle und warten auf den Rückruf. Hamburger Schmuddelwetter in einer Gegend, die nicht gerade zu den besseren zählt. Eva ist deprimiert. Seit Tagen sucht sie vergeblich eine bezahlbare Wohnung. Sie will ihrer Mutter davon erzählen. Ein Mann pampt sie an. Was das solle, die Telefonzelle zu blockieren. Sie solle ihn gefälligst telefonieren lassen. Aus der Nachbarzelle kommt eine Frau. „Hören Sie auf zu meckern – Sie können hier telefonieren." Die Frau ist nett, und Eva ist so entnervt, daß ihr gesamter Frust aus ihr heraussprudelt. Daß sie sich schon die Hacken abgelaufen hat. Daß sie zwar einen Studienplatz in Hamburg hat, aber keine Unterkunft, daß ... Die Frau zieht einen Zettel aus der Tasche und schreibt eine Nummer auf. „Ich kenn' da eine, die will ihre Wohnung für zwei Jahre untervermieten. Ruf da mal an!" Eva kriegt die Wohnung. Als Silke beim Umzug hilft, lernt sie die Hauptmieterin und die Wohnungsvermittlerin kennen. Und frau erkennt sich. Es folgt ein fröhlicher Abend in einer Lesbenbar.

Noch mehr Probleme hat Silke mit Henrik, ihrem mittleren Kind. Die Kämpfe mit ihm fangen an, als Eva gerade aus dem Gröbsten raus ist. Ihm hat sie nicht gesagt, daß sie Frauen liebt, und das war, wie Silke ihm nachhinein urteilt, wohl ein Fehler. Als Henrik in die Pubertät kommt, wird er unausstehlich. Eigentlich würde er gern beim Vater wohnen, aber der will sein einstiges Lieblingskind nicht haben. Auch mit Treffen hält Frank sich zurück. Wofür Henrik Silke die Schuld gibt. Im Haushalt ist er, anders als seine Geschwister, ganz der Vater: er ist faul. Und er zankt gern mit Silke. Die Methode ist denkbar einfach: Silke unterrichtet Deutsch als Fremdsprache, hilft hin und wieder ihren Schülerinnen privat, wenn diese Ärger mit den Behörden haben, sich von ihrem Mann trennen wollen oder keine Wohnung finden. Henrik klopft rassistische Sprüche. Silke ist umweltbewegt, und Henrik ist für Atomkraft. Als es wieder einmal so richtig kracht, zieht Henrik die Trumpfkarte: „Du alte Lesbe!" O Scheiße, denkt Silke, ich hätte mit ihm darüber reden sollen. Silke schluckt und versucht nachzuholen, was nachzuholen ist. Sie reden offen miteinander, und Henrik scheint zu verstehen. Bis zum nächsten Streit. „Du alte Lesbe!" Jetzt wird Silke sauer. „Was weißt du schon, du weißt doch selbst noch nicht, wie du mal leben wirst." Für einen Moment ist Henrik irritiert. Und Silke verbittet es sich, derart beschimpft zu werden. Trotzdem bleiben die Messer offen. Vergeblich bittet Silke Frank darum, sich mehr um seinen Sohn zu kümmern. Seine Reaktion ist ihr bereits bekannt. „Wenn du Probleme mit dem Jungen hast, ist das deine Schuld. Dann sieh auch, wie du damit fertig wirst." Als Henrik fast achtzehn ist, schlägt er zu. Silke knallt mit dem Kopf an die Wand. Die kleine zierliche Frau hat plötzlich Angst vor ihrem Sohn, der ihr längst über den Kopf gewachsen ist. Sie ist verletzt, nicht nur körperlich, und gleichzeitig verdammt wütend. Jetzt hab' ich mir mit diesem Kerl jahrelang solche Mühe gegeben, denkt sie verbittert. Sie läßt sich im Krankenhaus die

Verletzungen attestieren. Und erwägt zum ersten Mal ernsthaft, Henrik rauszuschmeißen. Doch der hat kapiert, daß er um einiges zu weit gegangen ist, und ändert sein Verhalten. Silke beschließt zu warten, bis er mit der Schule fertig ist.

Auch mit Silkes Liebesleben steht es nicht zum besten. Mit Maren hat sie Schluß gemacht, weil ihr nach vier Jahren klar geworden ist, daß sie in Marens Leben einfach nicht hineinpaßt. Außerdem hat sie eine andere Frau kennengelernt. Helga ist wie sie bei den Sapphia-Frauen, einer Gruppe, die sich damit beschäftigt, wie Lesben im Alter leben können. Gemeinsam erörtern sie Lebensmodelle und Wohnformen, planen Wohnprojekte für Lesben verschiedener Altersgruppen, denken über lesbische Altenheime nach. Silke lernt über die Gruppe viele Frauen kennen und ist fasziniert von deren Stärke. Eine macht ihr den Hof, und Silke beginnt von einem neuen Glück zu träumen. Denn obwohl ihr mittlerweile klar geworden ist, daß auch bei Frauen nicht alles eitel Sonnenschein ist, steht für Silke fest, daß sie nie wieder zu Männern zurückkehren will. Schon allein deshalb, weil es ihr mit Frauen im Bett einfach mehr Spaß macht.

Als Silkes Mitbewohnerin nach zwölf gemeinsamen Jahren wieder heiratet und in eine andere Stadt wechselt, zieht Helga zu Silke. Erst ist alles voller Schmetterlinge, doch das soll sich schnell ändern. Denn Helga zieht immer wieder den Joker der Ohnmächtigen und Ängstlichen: Distanz.

„Laß uns dieses Wochenende wegfahren, nur wir beide, die Kinder bringe ich zu meiner Mutter", schlägt Silke vor. Und Helga verzieht das Gesicht. Silke setzt sich zur ihr, streichelt ihren Arm. Aber Helga steht auf: „Laß das!"

Silke möchte so gern, daß jetzt alles schön ist. Deshalb tut sie eine Menge, um Helga zu erfreuen. Zum Beispiel versucht sie Helga, die im gemeinsamen Haus eine eigene Wohnung hat, möglichst wenig mit ihren Erziehungsproblemen zu behelligen. Und sie leistet tapfer und unerschrocken Beziehungsarbeit. Vielleicht, so denkt sie, wenn ich nur sehr liebevoll und geduldig bin, wird Helga sich irgendwann öffnen. Natürlich gibt es diese kleine Stimme in Silkes Hinterkopf, die ihr hin und wieder zuruft, daß sie sich dabei arg verrenkt. Aber es gibt viele gute Gründe, nicht der eigenen Vernunft zu folgen. Zumal doch mit Frauen alles anders ist. Und Helga wahrscheinlich eine schlimme Kindheit respektive schwere Jugend hatte und letztendlich auch nur ein Produkt dieser Gesellschaft ist. Aber mit viel Liebe – vielleicht ...? Bei Männern ist das anders. Da schüttelt frau halt hin und wieder den Kopf und denkt sich: Na ja, Männer sind halt so, laß ich ihn eben in Ruhe. Aber zwischen zwei Frauen, da soll es keine Fremdheit geben, da ist Vertrauen, Verstehen und Nähe angesagt, schließlich können Frauen über alles reden. Hin und wieder zerrt Silke ein wenig an Helga herum. Doch dann zieht diese sich noch mehr zurück. Lediglich wenn Silke ernsthafte Zweifel bekommt, ob diese Liebe denn überhaupt eine ist, wirft Helga ihr ein kleines Bröckchen Zuwendung hin, das Silke begierig aufschnappt. So ernährt Silke sich, Bröckchen für Bröckchen, zweieinhalb Jahre lang. Und die ganze Zeit über hat sie das böse Gefühl, daß die Koordinaten Unten und Oben wieder in ihr Liebesleben zurückgekehrt sind.

Silke sitzt mit ihrem Bruder in der Sauna. Das gönnen sie sich regelmäßig, die viel ältere Schwester und der kleine Bruder, der längst zu ihrem guten Freund geworden ist. Ihm hat sie zuerst erzählt, daß sie mit Frauen zusammen ist, damals in der Sauna. Denn das ist der Ort, wo sie regelmäßig all das diskutieren, was ihnen wichtig ist. Darunter auch Dinge, die sie mit anderen nicht bereden würden. Zum Beispiel Silkes Liebe, die immer mehr Fragezeichen ansetzt. Der kleine Bruder hört zu und zieht die Stirn kraus. „Ob das so gut für dich ist?" Das fragt Silke sich seit geraumer Zeit selbst.

Zum Glück gibt es die Sapphia-Frauen, und diese Gruppe ist „fast schon ein Heiratsmarkt". Die Neue hat ziemlich wilde rote

Locken und reagiert auf Silkes Ernsthaftigkeit nicht selten mit einem liebevoll-schalkhaften Lachen. Das gefällt Silke. Auch daß Gudrun Grenzen nicht mit der Axt zieht. Und daß selbst mitten im Streit der gegenseitige Respekt nie verloren geht. Nach einem Jahr ziehen Silke und Gudrun zusammen. Henrik würde gern mitziehen. Doch Silke sagt nein. Mach doch deinen Dreck selbst weg, denkt sie. Und hilft ihm, eine eigene Wohnung zu finden. Erst findet Henrik das ziemlich unmütterlich. Doch mittlerweile hat er sich mit seiner Freiheit abgefunden. Regelmäßig ruft er bei Silke an. Nicht nur, wenn er ihr Auto leihen will. Inzwischen hat auch Henrik eine Freundin. Ein bißchen neugierig ist Silke schon. Aber noch hat er sie ihr nicht vorgestellt.

Von den Kindern zieht allein der Jüngste mit. Einer, der lange Haare hat, gern laute Musik hört, sein Zimmer regelmäßig in ein blühendes Chaos verwandelt und der es mag, mit Silke und Gudrun herumzualbern oder zu quatschen. Der seine Freundin mit nach Hause bringt und der seiner Mutter erzählt, wenn er irgendwo was über Lesben gelesen hat. Daß seine Mutter ein Interview über ihren Wechsel zu Frauen gibt, findet er schlichtweg spannend. „Das mußt du mir zeigen", sagt er im Vorfeld zu Silke. „Das will ich dann auch lesen."

Für Silke haben sich mit Gudrun ihre Träume und Vorstellungen von lesbischer Liebe erfüllt. Diesmal fühlt Silke sich ernst genommen, geborgen und sicher. So sicher, daß sie ihre Liebe verstärkt nach außen vertritt.

Als ihre Mutter zu Besuch kommt, gibt es Kaffee und Kuchen. Und eine Offenbarung. „Schön, daß du jemanden hast, der dich liebhat", sagt die Mutter über den Käsekuchen hinweg und lächelt. Da reicht Silke die letzten beiden Beziehungen gleich nach. „Das hab' ich schon irgendwie geahnt." Die Mutter hat sich geändert in den letzten zehn Jahren, seit der Vater tot ist. Hat sich plötzlich schickere Kleider gekauft und ist auch mal weggefahren oder ausgegangen. Daß ihre Tochter lesbisch ist, schockiert die einst so konservative Frau überhaupt nicht. Vielleicht lebe ich jetzt das, was meine Mutter gern gelebt hätte? denkt sich Silke. Und weiß selbst nicht so recht, wie sie darauf kommt.

Die Konfrontation mit ihrer Schwester dagegen erspart sie sich. Denn Silke findet ihre Schwester „stockkonservativ" und hat keine Lust, sich „ihre Moralpredigten anzuhören". Zumal sie ihre Schwester eigentlich sowieso nicht leiden kann. Im Freundeskreis dagegen, zu dem auch etliche Heteropaare gehören, wissen alle Bescheid.

„Mit Gudrun fühl' ich mich so aufgehoben, daß es einfach dazugehört, daß ich mich zu dieser Beziehung bekenne. Meiner besten Freundin, mit der ich ja auch zusammen gewohnt habe, der hab' ich es natürlich schon früher gesagt. Wir wußten, unsere Freundschaft kann nichts kaputtmachen. Sie hatte halt ihre Männerbeziehungen und ich meine Frauenbeziehungen, und wir haben uns dann gegenseitig was vorgeheult oder vorgeschwärmt, je nach Stimmungslage. Sie hat mir gute Ratschläge gegeben und ich ihr vielleicht auch. Meinen anderen Freundinnen und Freunden und auch Kolleginnen, mit denen ich persönlich zu tun hatte, denen habe ich das dann später gesagt. Meist kommen ja dann doch irgendwann Fragen wie zum Beispiel ‚Wie machst du das so allein mit den Kindern, wie ist das, so lange allein zu leben?'. Da habe ich ihnen das dann serviert. Und das ist durch die Bank weg gut aufgenommen worden."

In der Schule – Silke arbeitet seit Anfang der achtziger Jahre als Grundschullehrerin – hat sie ihre Liebe zu Frauen zumindest nicht offiziell verkündet. Inwieweit sich das im Kollegium rumgesprochen hat, weiß Silke nicht; das ist ihr auch egal. Aber sie möchte nicht, „daß das bei den Eltern die Runde macht. Die denken ja dann gleich, daß was Schlimmes passiert. Grundschule ist ja der Bereich, wo alle Eltern noch mitreden können." Wer weiß, was manche Mutter oder mancher Vater denken würde, wenn sie oder er von der Tochter hören würde, daß sie bei der lesbischen Lehrerin auf dem Schoß gesessen habe! Denn für die Kleinen ist Silke natürlich vor allem eine Art Mutterersatz. Auf die Aufgeklärtheit sämtlicher Eltern möchte sie nicht vertrauen. Auch wenn sie sich selbst in der Schule lieber nicht offen als Lesbe präsentiert, nutzt sie ihren Beruf, um Vorurteilen im Vorfeld zu begegnen. In ihrem Sexualkundeunterricht für die vierte Klasse gibt es auch Männer, die Männer liebhaben, und Frauen, die Frauen lieben. Nicht in allen Einzelheiten, aber ganz selbstverständlich. Und wenn Silke bereits in den unteren Jahrgängen Sprüche wie „du Schwuli" zu hören bekommt, greift sie das Thema auch schon vorher auf. In einer Gruppe für lesbische Lehrerinnen überlegt Silke gemeinsam mit Kolleginnen, wie am besten auf bestimmte Situationen zu reagieren ist und wie Lehrmaterialien, vor allem für weiterführende Schulen, aussehen könnten. Mittlerweile ist Silke sogar froh darüber, daß sie nicht für die Sekundarstufe studiert hat, sondern Grundschullehrerin geworden ist. „In dem Alter ist noch so viel möglich", sagt sie, „da kann man noch versuchen, den Kindern Mut und Kraft für später mitzugeben." Vor allem Ich-Stärke will sie ihnen vermitteln.

Manch eines der Kinder dürfte nicht wenig verwundert sein, wenn es die Lehrerin, die es in der Schule als eher mütterliche Figur wahrnimmt, ganz ausgelassen mit roten Wangen, Knie- und Ellenbogenschützern und in Begleitung einer anderen Frau auf Roller-Skates durch die Stadt flitzen sieht. Denn das ist Silkes und Gudruns neuester Spaß, und Silke, die sich mit Mitte Dreißig mal ganz schön alt gefühlt hat, ist da mit Ende Vierzig ganz anderer Meinung.

Die Deutsche Bibliothek – CIP-Einheitsaufnahme
Schock, Sonja:
Und dann kamst Du ... und ich liebte eine Frau
Sonja Schock
Berlin: Krug & Schadenberg, 1997
ISBN 3-930041-12-X

Originalausgabe
1. Auflage 1997

Lektorat, Satz und Gestaltung: Types, Berlin
Coverfoto: Noel Matoff, Hamburg
Druck: Clausen & Bosse, Leck